I0464389

EL PLAN DE
MARKETING
DIGITAL

JULIÁN E. CASTAÑEDA

ORGANIZACIÓN
MUNDIAL DEL ÉXITO

COLOMBIA ESPAÑA MÉXICO PERÚ ECUADOR AMÉRICA
LATINA

Lo que otros empresarios están diciendo acerca de Julián Castañeda y El *PLAN DE MARKETING DIGITAL*

"Con bastante frecuencia escucho empresarios y emprendedores referirse al Internet y al marketing digital como algo misterioso y desconocido que solo aplica para algunos tipos de negocio, y eso, si cuentan con la suerte de tener cerca algún amigo o sobrino que les diseñe un sitio web.

En éste libro además de guiarte paso a paso, Julián describe con exactitud porque el Marketing Digital no es un misterio y porque va más allá de un sitio web diseñado pobremente.

En lo personal considero éste libro como "La Guía Definitiva" para cualquier empresario o emprendedor serio, y decidido a disparar "Exponencialmente" la venta de sus productos o servicios, después de implementar el plan de marketing que propone Julián."

–Wilfredo Riaño, Colombia

"Julián es el "Rock Star" del Marketing Digital en Latinoamérica"
–Erik Bustamente, El Salvador

"Demasiado excelente, el libro explica muy simple acerca del Mercadeo en este siglo."
–Berni Rojas Campos, Costa Rica

"Internet es como una gran jungla, donde viven leones, tigres y peligros de todo tipo que amenazan con destruir o frenar tu negocio. Julian Castañeda es como una especie de guía que te señala el camino más corto hacia el éxito. Es por esta razón que recomiendo leer este tipo de contenido, porque te ayuda a encontrar el camino correcto."   **–Daniel Zambrano, Colombia**

"Muy buen material, de la mano de un joven emprendedor nos lleva al conocimiento esencial para alcanzar el éxito en un negocio por internet ... Muy recomendado."
–Rafael Dominguez, México

"Gracias al sistema de la O.M.E he vendido de una mejor forma mis servicios, las ventas han aumentado en un 34% y tengo más éxito con mi negocio. El contenido es muy práctico y bastante aplicable, he tenido las herramientas necesarias para entender lo que funciona y lo que no, y además me ha ahorrado tiempo, esfuerzo y dinero."

– Victor Capetillo, México

"Julián Castañeda es una de esas personas que ayuda a empresarios a conseguir los resultados que persiguen, por eso te lo recomiendo mucho."

–Sebastián Saldarriaga, Estados Unidos
Gurú #7 más Influyente en internet (Fast Company)

"O.M.E. realiza una labor excepcional, sobretodo Julián Castañeda. He podido mejorar mi actual negocio y además he conseguido las claves para emprender uno nuevo que en breve va a ser un éxito seguro. Os estoy muy agradecida."

–Charo García, España

"Ha sido un motor para mejorar muchas cosas en mi negocio. Me ha mostrado muchos caminos para mejorar y para sacar adelante mi negocio. Poco a poco he ido subiendo escalones para posicionarme muy bien."

–Beatriz Sierra, Colombia

"Impresionante aún estoy luego de leer parte de tu libro. Es cautivante a medida que uno avanza. Es de mucha utilidad sobre todo porque puedo usar estos informes con mis estudiantes en el colegio y en la universidad. Estoy muy entusiasmada sobre todo porque la idea permite ser trascendente y eso es dejar huellas en personas ... lo mismo que haces tú en nosotros. Gracias por tu entrega!"

–Elvira Bareiro de Bordas, Paraguay

Titulo Original: El Plan De Marketing Digital – 7 Sencillos Pasos Para Atraer Clientes A Su Negocio
Copyright © 2015 por Julián Castañeda
Copyright de las imágenes © por la O.M.E (Organización Mundial del Éxito)

1ª edición en Español latino, 2015

Publicado por Ediciones O.M.E
Bogotá, Colombia
Impreso por: Amazon CreateSpace
Charlestone, Estados Unidos

Para todo empresario en busca de una solución real al crecimiento de su negocio que le permita generar más ingresos y vivir una mejor calidad de vida junto a sus seres amados... Mientras al mismo tiempo ayuda a cambiar al mundo a través de su negocio...

SOBRE ESTE LIBRO

La promesa de este libro es muy sencilla, una vez usted lo lea tendrá en sus manos el perfecto plan de marketing digital que le permitirá instalar un sistema digital y automatizado de atracción de clientes y prospectos para su empresa, el cual le dará los siguientes beneficios:

- No tener que preocuparse por la prospección ni atracción de nuevos clientes a su negocio
- Una avalancha constante, predecible y suficiente de clientes nuevos llegando a su negocio
- Posicionar su marca a través de Internet como la opción #1 en su industria… sin importar la competencia desleal ni los bajos precios de su competencia
- Tener un sistema automatizado y personalizado de seguimiento con sus prospectos y clientes
- Lograr en piloto automático la fidelización de clientes y hacer que ellos se vuelvan clientes de por vida que le comprarán una y otra y otra vez…

TABLA DE CONTENIDOS

INTRODUCCIÓN

Le saluda Julián Castañeda, y le doy la más cordial de las bienvenidas a este libro.

Mi promesa es que luego de haber terminado este libro va a poder atraer una avalancha de nuevos clientes y ventas a su negocio utilizando el sistema de 7 pasos que estoy empezando a compartir con usted.

Primero le quiero agradecer por haber decidido invertir tanto su dinero como su tiempo e incluso su energía en estar leyendo todos los contenidos de este libro.

Antes que nada déjeme contarle un poco de mi historia; la verdad no me gusta hablar mucho de mí, pero al leerla se dará cuenta por qué hago lo que hago y por qué en sus manos se encuentra en este momento este libro.

Todo fue hace unos años cuando yo estaba en la Universidad y cuando mi familia se encontraba atravesando una etapa bastante complicada. En ese momento mi papá quién había trabajado muchísimos años, de hecho más de 35 años en una empresa multinacional, con un muy buen cargo, estaba experimentando la situación de estar perdiendo su empleo.

Entonces como usted puede imaginar, en esa situación cuando una persona trabajó por tanto tiempo en una de estas multinacionales, a su retiro, recibía una compensación por la pensión y por la seguridad laboral que las empresas tienen que tener con sus trabajadores.

En ese momento, cuando mi papá perdió el empleo, a la vez recibió una cantidad considerable de dinero y fue en conjunto con mi mamá que se reunieron y empezaron a decir: "bueno, con todo ese dinero que tenemos a raíz de la pérdida del empleo, ¿cómo vamos a hacer para que nos pueda alcanzar y nos pueda seguir brindando la misma calidad de vida y la misma calidad económica que estamos teniendo en este momento?"

Luego de mucho pensarlo y discutirlo decidieron que iban a montar un negocio, que iban a iniciar una empresa. Así que el primer reto era elegir cuál era el negocio que se iba a montar.

Duraron mucho tiempo pensándolo, analizándolo y finalmente después de varias semanas de reflexión se dieron cuenta de que lo que ellos querían realizar e iniciar era un restaurante.

Ya una vez con la decisión tomada simplemente fueron adelante y empezaron a conseguir todo lo que requerían para el restaurante: elementos físicos del local, es decir, el sitio donde iba a estar ubicado para arrendarlo; también las sillas, las mesas, etc., etc., todo lo que tiene que ver con la parte de la cocina que son las neveras, refrigeradores, congeladores etc., etc. y además por otro lado también estaba la parte de personal que debían contratar: chefs, ayudantes de cocina, meseros, cajeros, etc.

Necesitaban personal, y también un excelente y un extraordinario chef, como también personas que atendieran a los clientes que iban llegando al local.

Y una de las cosas que ellos se aseguraron de siempre tener desde el principio fue conseguir lo mejor de lo mejor: los mejores platos, diseñando las mejores recetas, con los más deliciosos ingredientes y de la mejor calidad… y así fue como ellos iniciaron su restaurante.

De hecho, el día en que ellos lanzaron el negocio fue algo muy emocionante porque vieron cómo muchísimas personas que estaban en los sectores cercanos (el restaurante estaba cerca de varias Universidades y edificios que contenían oficinas), venían a darles las gracias por la comida tan deliciosa que ofrecían.

El día de la inauguración vino muchísima gente a almorzar al restaurante. Mis papas se sentían muy contentos y satisfechos, ya que en cierta forma sabían que iban por el camino correcto.

Y así fueron sucediendo las cosas: iba gente al negocio y les decía a mis papás que la comida era deliciosa, que muchísimas gracias, que era un restaurante muy agradable, todos eran comentarios súper positivos.

Pero después de unos meses, se empezaron a dar cuenta de una dinámica muy particular y estresante, y era que los ingresos que tenían no estaban soportando, o no estaban cubriendo, los costos, ni los fijos ni los variables, de su negocio.

En ese punto las cosas no empezaron a tener sentido para el negocio, es decir, no estaban llegando siquiera al punto de equilibrio; estaban, de hecho, endeudándose, pidiendo dinero prestado, para poder pagar los diferentes compromisos que ellos ya tenían en términos de la renta, el arriendo, los servicios, los pagos al personal, los insumos etc., etc.

Luego, dado que la situación no estaba mejorando, incluso a pesar de que tenían bastantes clientes y todos ellos estaban contentos con la comida y con todo el servicio, en términos financieros el restaurante no estaba dando lo que ellos necesitaban para por lo menos cubrir los gastos, es decir: Estaban perdiendo dinero.

Hasta que llegó un punto en el cual el dinero que había recibido mi papá luego de la pérdida de su empleo simplemente ya no existía, todo estaba invertido en el negocio o se había evaporado a raíz de las deudas que se estaban recolectando mes tras mes.

Finalmente, un año y unos meses después, llegaron al borde de la desesperación. El punto crítico para mí, me acuerdo muy bien, era cuando estaba estudiando en la Universidad la carrera de Administración de Empresas. Me acuerdo que un día estaba sentado en mi casa, y como normalmente mis papas se levantaban muy temprano en la mañana y llegaban muy tarde en la noche, a eso de las 11:00pm mi mamá se sentó en el comedor, me miró a los ojos y noté una expresión de tristeza. Minutos después vi cómo unas lágrimas brotaban de sus ojos y se atacó a llorar; luego de un momento y con lágrimas en todo su rostro me dijo que no sentía que la vida, ni que Dios, estuvieran siendo justos.

No sentía que estuvieran siendo justos porque no era justo que poniéndole todo el amor, todo el cariño, la mejor calidad en todo (en todos los ingredientes y en todo lo que estaban haciendo para el restaurante) incluso estuvieran perdiendo dinero, ¡eso no tenía sentido!

Para entonces, mis papás estaban al borde de la desesperación, y ese fue el momento más crítico para mí. De hecho yo también tenía ganas de sentarme a llorar con mi mamá, pero como usted sabe en la cultura, nosotros, los hombres, tenemos la enseñanza de no expresar los sentimientos y hacernos "las personas fuertes", pero en realidad por dentro me sentía destrozado.

Sentía que en realidad la vida no estaba siendo justa, que todo el esfuerzo que ellos estaban poniendo no estaba siendo recompensado como debía serlo. Así que en ese momento de dolor interno, sin yo decir nada, tomé una decisión muy importante...

Y es que justo paralelamente en esa época en la que mis papás llegaron a la quiebra con su negocio, y tuvieron que cerrarlo, yo también estaba pasando por una experiencia muy similar. En mi caso era diferente porque era por la inexperiencia de no saber cómo montar un negocio, por no tener la visión clara de cómo hacerlo, pero también me había endeudado, y había hecho unas inversiones en algunos productos y finalmente esto no había surgido... Había perdido mi dinero invertido en un proyecto de empresa.

En esa parte de mi vida cuando se cruzaron estos dos eventos (la quiebra de mis padres y la mía propia) llegué a "tocar fondo" y estando en uno de esos duros y difíciles momentos cuando ya había perdido toda la fe y la esperanza, surgió en mí una visión, esa visión se convirtió instantáneamente en una decisión que marcaría mi futuro para siempre y fue:

"Tengo que descubrir una forma en la cual pueda crear un negocio para mis papás que nos permita tener la cantidad de clientes que necesitamos, no solo para cubrir los gastos, sino para vivir una gran calidad de vida. Debo encontrar la fórmula"

Y en el momento que lo decidí, empecé la búsqueda, y fue cuando me encontré con el marketing digital. Encontré que ésta podría ser una vía y el medio por el cual mis papás podrían recuperarse de esta situación tan difícil por la que estábamos atravesando. Era mi forma de querer ayudarlos. Y encontré que esa ayuda la podía brindar a través marketing digital.

Lo primero que hice fue invertir en un entrenamiento de un mentor estadounidense, de una persona que sabe muchísimo de estos temas de marketing digital. Luego lo que hice simplemente fue aprender esas estrategias y aplicarlas en el segundo negocio que decidieron iniciar mis papas, algo que durante muchos años les había apasionado pero sólo lo habían hecho como un hobby. Antes no lo habían visto como un modelo con el cual pudieran generar dinero y que pudieran construir como una empresa: es el mundo del arte.

De hecho es mucho más complicado y mucho más difícil de vender que un restaurante, que en teoría debería ser un poco más sencillo.

Yo les dije que estaba aprendiendo estrategias y que las íbamos a implementar en su nuevo negocio para así atraer nuevos clientes y ventas. Ese día, (yo con 19 años de edad) mis papas me miraron con ojos con un poco de desconfianza y diciéndome: "qué bueno que estés soñando, creyendo mucho".

Sabía que ellos desconfiaban, no sólo de mí sino del marketing digital, pero por mi parte tenía la plena confianza de que todo esto funcionaba de maravilla; aunque por otro lado tenía la duda si en realidad iba a funcionar para el negocio de mis papás.

Así que era "reto aceptado" el tratar de conseguir clientes para el negocio de mis papás, su negocio de vitrales. Lo que hice fue ejecutar la estrategia tal cual y como la había aprendido a través de Internet, no utilizamos ningún otro medio, sólo Internet...

Y para sorpresa mía, en menos de un mes el negocio ya estaban recibiendo clientes de tal forma que ya no "dábamos abasto".

Al principio fue como una bola de nieve; primero fueron unos cuantos clientes, luego un poco más, luego más, luego más y más, hasta que llegó un punto en el que los siguientes meses me dijeron "Julián ya obviamente te creemos todo lo que tú haces y eres capaz, pero ahora por favor lo que estás haciendo en Internet páralo porque no queremos más clientes porque en realidad no podemos atenderlos a todos"

"No podemos cumplir con toda la demanda y con todas las expectativas y con todos los nuevos trabajos que nos llegarían y no queremos incumplir y esto mientras contratamos más gente, mientras reestructuramos nuestra capacidad para poder atender a más clientes" Y esa fue la gran demostración para mí que esto del marketing digital en realidad funcionaba.

En ese punto ya nuestra calidad de vida había mejorado significativamente y sobre todo después de "ese hueco" de la quiebra en el que nos encontrábamos y del cual ya habíamos logrado salir.

Luego de haber conseguido una avalancha de clientes para este negocio familiar yo quería iniciar un negocio por mi cuenta.

Entonces me dije "bueno, tengo esta poderosa estrategia de marketing digital, entonces apliquémosla en mí, ¿qué negocio voy a implementar?"

Luego de varios días de pensarlo decidí crear productos de información digital enseñándoles a las personas acerca de la organización del tiempo, porque siempre ha sido un tema que me ha apasionado muchísimo.

En ese momento hice el lanzamiento de un programa de entrenamiento virtual, que incluso hoy se sigue vendiendo muy bien llamado "Domina tu vida".

Y como era de esperarse, el programa se empezó a vender muchísimo, tanto que una de las emisoras más importantes de Colombia, la W Radio empezó a escuchar de mí y me entrevistó para que hablara acerca de la organización del tiempo y la productividad. De hecho puedes escuchar la entrevista en: http://organizacionmundialdelexito.com/blog/entrevista-productividad

Luego de este enorme éxito seguí invirtiendo en conocimiento de más estrategias de marketing digital, y la que aprendí luego se trataba de vender productos a través de "webinars" (eventos online y en vivo).

Hice mi primera campaña para promocionar un webinar en vivo y la compartí en Facebook, y para mi sorpresa dos días después de haberla publicado tenía más de 900 compartidos y varios miles de "me gusta"

El día del evento en vivo estaba muy nervioso, frente a mi computador, los nervios se incrementaron cuando el sistema me informo que había cerca de 300 personas de todas partes del mundo escuchándome y listas para mi presentación.

La presentación me salió bien teniendo en cuenta que era la primera vez que "hablaba en público" y, luego del evento, cuando entré en mi cuenta de Facebook encontré un mensaje privado que no me podía creer…

Una de las personas más influyentes en el mundo del marketing digital hispano (contratado por Donald Trump para una de sus campañas online y seleccionada como la persona #7 más influyente en Internet por la revista Fast Company) me contactó y simplemente me dijo:

"Julián,
Hiciste un muy buen trabajo y tienes un gran talento,
Quiero hablar contigo"

Literalmente no me lo podía creer. ¿Uno de los expertos más importantes y reconocidos en el mundo entero me contacta a mí porque quiere que hablemos?

Días después hablamos personalmente y me dijo "Julián, mira me gustó mucho lo que haces, me gustó cómo lo haces y simplemente quiero ver si hay alguna posibilidad de que trabajemos juntos".

Y desde ese momento hemos formado una relación bastante cercana de amistad, hasta que tiempo después me dijo en una de nuestras charlas: *"Julián, tú tienes un gran talento de hacer esto del marketing digital, ¿no has considerado que todo esto que tú sabes, puedan tenerlo otros negocios y otras empresas aquí en Latinoamérica?"*

La verdad esta pregunta me dejo "frío", no sabía qué responder, era algo que ni se me había pasado por la cabeza. Sólo había pensado en hacerlo para mí y para mi familia, pero en ese momento me di cuenta que en cierta manera tenía razón.

Después cuando tuve la oportunidad de hablar con más y más empresarios, me di cuenta que uno de los principales problemas que se tiene es el cómo atraer más clientes, cómo utilizar el marketing para que llegue una avalancha de nuevos clientes al negocio de forma constante y persistente. Pues los clientes son la "sangre" de cualquier negocio y sin ellos éste se muere.

Y fue a raíz de esa experiencia que me di cuenta de mi misión, la cual es ayudar a empresarios latinos y proporcionales estrategias de marketing digital para que atraigan más clientes, más ventas, generen más dinero y disfruten de una mejor calidad de vida. Y es por esta razón que junto con Jessica Vargas (mi pareja y directora de contenidos) fundamos la Organización Mundial del Éxito.

Nosotros vemos el éxito como una combinación de varios factores:

El éxito empieza con su negocio pero no termina ahí. Usted inició su empresa, su negocio, con una visión, con un sueño muy grande y muy poderoso para usted, probablemente quería dejar su empleo, probablemente estudió alguna carrera en relación a los negocios y quería ser independiente toda la vida.

Una de las cosas que nos caracteriza a quienes trabajamos de forma independiente, ya sea como profesionales o con una empresa o un negocio, es que no nos gusta que nos manden, nos gusta tener el control, nos gusta hacer las cosas a nuestra manera, nos gusta tener libertad de tiempo y que las cosas que nosotros hagamos sean dirigidas por nosotros.

Pero una dinámica que me he encontrado en el mundo empresarial y con la mayoría de clientes con los que he trabajado es que en algún momento el empresario trabaja más que sus mismos empleados, trabajan muchas más horas y están más comprometidos, tienen menos tiempo libre, menos control y más estrés entonces yo siempre les pregunto: *"¿Y bueno, por qué iniciaste tu negocio? ¿Dónde está esta libertad, control y autonomía que tanto has añorado?"*

Ningún empresario sabe qué responderme.

Nosotros vemos el éxito no sólo como el crecimiento financiero, o en términos de expansión de su negocio, sino que a raíz de ese crecimiento, usted pueda conseguir otras cosas que son importantes como eso que le estoy mencionando: tiempo para compartir con su familia, tiempo para que pueda compartir con otras personas, que pueda hacer lo que le gusta, seguramente usted tiene un hobby y necesita tiempo y por alguna razón hasta el momento no ha podido hacerlo porque tiene que estar 100% en su negocio. También el éxito significa que usted tenga la salud que usted se merece, que pueda construir la empresa como un activo que le permita retirarse en el momento que quiera y poder disfrutar la vida con su familia o con las personas que usted más ama en este mundo.

Que su empresa le permita darle a su familia la calidad de vida que usted quiere, que pueda brindarle el futuro que usted desea para ellos: las personas más importantes del mundo.

El éxito nosotros lo vemos así y esa es nuestra misión: ayudarle a usted como empresario, profesional independiente a que surja y a que se desarrolle con su empresa para que eso le represente el éxito en las demás áreas de su vida.

No solo vemos el éxito como algo que puede ocurrir en su empresa, sino también como algo que paralelamente ocurre en usted y en su vida misma.

Y bueno luego de esta corta introducción ya demos inicio a todo lo que le va a permitir alcanzar ese éxito en su empresa y en su vida.

CAPITULO 1
BIENVENIDO AL CIBERESPACIO

REGALO ESPECIAL.

Antes de darle el contenido de este libro. Quiero que sepa que por haberlo comprado tiene acceso a una serie de recursos gratuitos como entrenamiento, formatos, plantillas y herramientas que le ayudarán a hacer todo este proceso aún más fácil.

Descargarlas gratis acá visitando la página: http://organizacionmundialdelexito.com/regalo-lector-plan-marketing

En esta sección vamos a introducirlo dentro del ciberespacio desde el punto de vista de negocios y del marketing digital, le vamos a mostrar cómo funciona y cuáles son los diferentes elementos que usted debe tener en cuenta.

Lo primero que me siento en la obligación de decirle es que los tiempos han cambiado y ¿en qué sentido han cambiado?

Mis clientes me han dicho una y otra vez, "Julián, muchos años atrás cuando tenía mi negocio, los clientes simplemente llegaban a mí, pero ahora no entiendo por qué independientemente del marketing que haga, o de las estrategias que utilizo, las personas no están viendo mi negocio, y no están llegando a él, ¿qué puedo hacer?

Lo que sucede es que el mundo ya cambió y está cambiando constantemente (cada vez más rápido).

¿Y eso qué significa?

Que la forma de hacer negocios ya ha cambiado porque los clientes ahora son muchísimo más selectivos; de hecho, estamos en una cultura que está sobre-saturada de opciones.

Por ejemplo, piense en lo siguiente, si usted hubiera querido comprar un vehículo hace 20 años, probablemente, aparte de que era un lujo para muchas personas tener un vehículo, usted sólo tenía unas pocas opciones, sólo unas pocas marcas y era muchísimo más fácil elegir o decidirse por una.

Pero ahora si quiere comprar un vehículo usted tiene tantas marcas que no sabe cuál elegir. De hecho, en una misma gama de vehículos, existen 30 marcas e incluso muchísimas más en el mercado internacional.

Nosotros como consumidores estamos tan saturados de elecciones que no sabemos cuál debemos tomar… Y exactamente es lo mismo que les ha pasado a todos sus prospectos y clientes potenciales.

Esta situación actual ha hecho que muchas de las técnicas que antes funcionaban en relación a marketing o ventas ya no estén funcionando en este momento. Una de las "estrategias" más comunes que aún siguen empleando los empresarios es la técnica "Prospección en frio".

En los años 70, 80 e incluso en los 90, eso funcionó muy bien. La prospección en frio como usted sabe consiste en, simplemente por cualquier forma, ya sea en persona, tras del teléfono, incluso tras del email ahora, contactar a alguien que usted no conoce y no le conoce, para tratar de venderle sus productos/servicios.

Si usted en algún momento ha hecho esta Prospección en frio, se habrá dado cuenta de que no es solo incómodo para usted y que no funciona, sino que además es incómodo para la otra persona que está al otro lado.

Porque así mismo como probablemente a usted no le gusta que alguien que no conoce le llame, a esa persona tampoco, eso es muy incómodo.

Los empresarios muchas veces han intentado la Prospección en frio tanto a través del mundo físico: en persona, visitar empresas, enviar faxes, llamadas telefónica y ahora a través del mundo virtual: enviando emails, mensajes privados de Facebook, tweets... y eso en realidad no funciona, y no funciona por las razones que vamos a estar explicando más adelante.

También existe un elemento bastante importante que es la competencia a nivel global, y quiero que sepa en este momento usted no solo está compitiendo con las empresas que existen en su lugar de residencia (ciudad, región o país), sino que está compitiendo a un nivel global.

Lo más probable es que su competencia ya sea a nivel global porque la globalización nos ha abierto de tal forma que yo en este momento, desde Bogotá, puedo comprar un vehículo en cualquier parte del mundo, y no sólo un vehículo sino casi cualquier otro tipo de productos o servicios.

Es por esta razón que la competencia ha aumentado muchísimo, y esa competencia muchas veces ha llevado a que exista lo que se llama en el mundo empresarial: la competencia desleal, y es muy probable que usted en algún momento haya sufrido esto. La competencia desleal no es nada más que los competidores bajan radicalmente sus precios con el fin de abarcar la mayor parte del mercado y nosotros vemos eso como una estrategia que no sólo no funciona, sino que realmente perjudica a largo plazo a la empresa que la ejecuta.

Una de las peores cosas que se puede hacer como empresario es entrar en el juego de la "guerra de precios" y en creer que cuanto más barato mi producto/servicio, mejor recibido va a ser por el mercado y más alcance va a tener mi empresa.

Con todo lo que va a aprender en este libro va a saber exactamente cómo, independientemente del precio que usted tenga, va a poder atraer a una avalancha de nuevos clientes a su negocio de forma constante y predecible.

HISTORIA DE INTERNET EN LOS NEGOCIOS...

Hablemos un poco de la historia de Internet en los negocios. Esto es algo muy superficial, no tiene nada de profundidad, pero es simplemente para que entendamos la dinámica de cómo Internet ha hecho que el comercio y que la forma en la que nosotros como empresarios vendemos nuestros productos y servicios, haya cambiado de forma tan radical.

Primero nace Internet conectando a las grandes empresas. Para ese momento, las grandes empresas eran las únicas que tenían acceso a Internet. Después de la milicia en Estados Unidos, surgen los buscadores y la Web 1.0.

Las empresas que en esta época utilizaron la web 1.0 normalmente ponían: quiénes somos, qué hacemos, productos y servicios y contacto. Lo que hoy incluso muchas veces vemos en los empresarios actuales que tienen su propio sitio web.

Eso en ese entonces fue una gran revolución para la industria porque las grandes corporaciones que tenían el poder adquisitivo, y también el poder tecnológico de poder ingresar en Internet, eran realmente las empresas que estaban alcanzando una mayor audiencia gracias a la explosión tan rápida de Internet.

Luego de eso, saltando varios años adelante, surgió el comercio electrónico. Empezaron a diseñar tecnologías para poder comercializar a través de la web. Ahora no sólo era la empresa publicando un producto o servicio para que los consumidores visitaran su local o tienda y lo adquirieran, si no era cómo poder aprovechar la oportunidad de cobrar por tarjeta de crédito a través de Internet, y que el pago se procesara online.

En ese momento fue una gran revolución porque las personas desde sus hogares o desde sus oficinas, con una conexión a Internet y con una tarjeta de crédito, simplemente podían entrar en una de esas páginas web y adquirir un producto o servicio en el instante.

Y eso cambió realmente toda la industria, porque muchas empresas empezaron a apalancar todo este esfuerzo para que muchas de sus estrategias de marketing estuvieran dirigidas hacia traer personas a su web para que compraran online.

Ahí es cuando surgen empresas como Amazon, Ebay o todas esas grandes comercializadoras que ofrecían diferentes tipos de productos o incluso servicios y todo a través de Internet.

De hecho, nosotros en América Latina, nos encontramos experimentando algo que los mercados financieros de Estados Unidos y Europa ya están mucho más avanzados, y es el tema de que el latino está teniendo mayor poder adquisitivo a través de crédito y a través de tarjetas de crédito.

Estamos viendo cómo cada vez es mucho más fácil que una persona obtenga una tarjeta de crédito, que viene activada desde el principio para que pueda realizar compras y pagos a través de Internet.

Ahora, si hacemos otro gran salto de unos años, nacen las redes sociales y la web 2.0.

En este punto, no era la empresa la que tenía el control del contenido; ya no era la gran multinacional o las grandes compañías las que decían qué era lo que se quería vender.

Ahora eran las mismas personas las que protagonizaban el cambio y la creación de los diferentes contenidos, que el mundo entero está consumiendo actualmente.

Así es como, surgen redes sociales como Hi5, MySpace y después con la explosión de Facebook, todo esto empieza a cobrar muchísimo más sentido.

Esto es muy importante, porque ese es el momento en donde el consumidor mismo toma el control y el poder de exigir y definir qué es lo que quiere, cuándo lo quiere y cómo lo quiere.

Y fue esta época la que acabó con muchas empresas. De hecho, normalmente, usted ha escuchado, seguramente en las noticias, cómo muchas compañías, han quebrado simplemente por el hecho de malos y negativos comentarios a través de las redes sociales.

Cuando "todo el mundo" empieza a usar las redes sociales se ve una dinámica bastante interesante, y es que las interacciones sociales que antes sucedían en el mundo real y físico (hablar con amigos, reuniones familiares, eventos, clases etc.) ahora se vuelven más digitales y virtuales. Desde ese momento el entorno social de conectar con otras personas y compartir se hace a través de un computador en la casa u oficina. Después, con la aparición de los teléfonos móviles inteligentes, a través de las aplicaciones en móviles, que es el siguiente hito dentro de la historia de Internet en los negocios.

Continuando un poco acerca de las redes sociales y la web 2.0.
Ya las compañías no son las que dominan el gran mercado de producción de contenido y las que tienen el poder de ser las que producen todo lo que las personas están consumiendo, sino son las mismas personas las que se encargan de hacerlo.

También surgen blogs independientes. Cualquier persona puede colgar un blog de Internet, y puede hablar de lo que sea. Muchos de ellos se hicieron famosos y alcanzaron un gran reconocimiento e influencia en millones de personas.

Es tanto, que por ejemplo, grandes marcas y multinacionales les pagan a esas personas para que recomienden sus productos/servicios porque son personas que tienen una influencia en el mercado muy alta. Son como estrellas del cine o del deporte.

Y haciendo otro paso grande, otro salto, luego surgen las aplicaciones móviles.

Las aplicaciones móviles surgen cuando los teléfonos se vuelven "inteligentes". Un teléfono inteligente no es nada más que un teléfono que tiene la posibilidad de instalar diferentes tipos de softwares y de programas que nos permitan a nosotros hacer diferentes tipos de actividades y tareas.

En este momento, es cuando muchas empresas y muchas personas desarrollan aplicaciones móviles y lo que hacen es traer la dinámica de Internet y de toda la interacción social a la palma de la mano de las personas.

Ya una persona no necesita estar sentada en su oficina o casa para poder estar accediendo a Internet, interactuando o viendo diferentes tipos de comerciales o marketing que los hagan tomar acciones como comprar algún producto o servicio.

Ahora todo sucede en las manos de las personas en cualquier lugar en donde se encuentren: en el metro, en su auto, en un restaurante, incluso cuando van caminando. Seguramente usted los ha visto: andan por ahí como una especie de "zombies" que están pegados a sus teléfonos móviles y de hecho, usted puede pasar por al lado de ellos y ni siquiera se dan cuenta de qué es lo que pasa a su alrededor.

Los aparatos móviles tienen un gran poder de atrapar la atención de las personas y mantenerlos ahí mirando lo que sea que ellos están consumiendo por horas enteras. Las personas se los llevan consigo mismos a todos lados.

En una oportunidad estando en una conferencia y luego en el break cuando fui al baño a orinar, me encontré que había un joven de pie orinando y en sus manos tenía un Smartphone al cual dirigía toda su atención (quede impresionado). También he visto cómo papás y mamás no les prestan atención a sus hijos porque están metidos dentro de su teléfono móvil. El caso es que las personas se dejan consumir mucho por este tipo de tecnologías, usted los ha visto... es más, es probable que usted sea víctima de todo este proceso.

Entonces ahora, nuestra misión como empresarios es no sólo llegar a las personas a través de Internet, si no llegar directamente a sus manos. Directamente en cualquier circunstancia, sea la que sea en la que se encuentran, para que vean nuestro material de marketing, tomen acción y se vuelvan finalmente nuestros clientes.

LE CREEMOS MÁS A UN DESCONOCIDO QUE A NUESTRA PROPIA MADRE

Luego de eso, todo lo que sucede, es que esta sociedad se está volviendo mucho más virtual. De hecho, hay algo muy común que sucede en estos tiempos y es que las personas ahora empiezan a creerle más al comentario de un total extraño que al comentario de su propia mamá o de su propia familia.

El ejemplo más claro, cuando usted quiere comprar algo y utiliza Internet para averiguar acerca de ese algo, de ese producto o servicio.

Por ejemplo, usted conversa con su familia en la cena "me quiero comprar el último celular, el último móvil" y su mamá le dice "ay, mijo cómprese el XYZ" y usted escucha la opinión de su mamá, pero luego usted va a Internet y se encuentra opiniones de gente que usted ni siquiera conoce, con quienes nunca en su vida ha tenido contacto opinando acerca de XYZ.

De ponto pueden decir algunos que no era muy bueno, que es mejor el XW y entonces usted se inclina más por el XW, empieza a investigar, escucha más y ve más opiniones de las demás personas y ahora su decisión de compra está más influenciada por esa sociedad virtual, que incluso por su círculo cercano de personas.

Antes nosotros tomábamos decisiones con base a lo que otras personas cercanas a nosotros, familia, amigos, compañeros de trabajo etc. decían.

Ahora ese tipo de decisiones están siendo confiadas en personas externas a través del poder de Internet, y esto ha permitido la gran expansión de las redes sociales y de sitios que se dedican a comentar experiencias del consumidor acerca de diferentes tipos de productos y servicios.

En ese momento, las personas (consumidores) empiezan a defenderse, a darse cuenta de que si ellos protestan, si exigen, las empresas cambian, y las empresas dan mejores servicios y productos. Y es por eso que nosotros estamos hablando de que en ese momento específico de la historia, nuestro cliente potencial, nuestro prospecto, es más exigente que nunca.

Y este es un problema que debemos solucionar. Es una oportunidad porque nosotros, las empresas que nos adaptemos a esta dinámica y sepamos cómo utilizar todo este marketing digital de forma efectiva, vamos a poder influenciar para que esas personas no sólo nos vean como empresa número 1 dentro de la industria, sino que sean todos ellos los que hablen maravillas de nosotros, para que ese mensaje se pueda distribuir a través de todo Internet, y asimismo generar "voz a voz virtual" para atraer nuevos clientes al negocio.

EL MERCADO ESTÁ CADA VEZ MÁS INDECISO

Como nosotros le creemos más a un desconocido que a nuestra propia madre, entonces investigamos características, beneficios y nos tomamos el tiempo de hacer diferentes tipos de comparaciones online antes de finalmente elegir cuál es el producto o servicio que vamos a adquirir, cuál es ese que vamos a comprar.

Esto hace que nuestro juego como empresarios cambie totalmente, debemos construir una relación más cercana con nuestro prospecto y alinearnos a su comportamiento.

Todo esto significa que el "tiempo de decisión de compra" se alarga en la medida en que las personas son más conscientes de que tienen más información para analizar y más opciones de dónde escoger.

Eso en muchos casos lo que hace es simplemente sobresaturar a muchos de esos individuos. De hecho, seguramente le ha pasado a usted. A mí me ha pasado en muchas ocasiones, aunque ya no le pongo tanta energía o tanta dedicación a eso, pero sí conozco amigos cercanos que queman mucha energía y tiempo comparando las diferentes características de las diferentes marcas y tipos de productos/servicios.

Es más, dentro de una misma marca existen diferentes modelos y diferentes gamas del mismo producto y muchas veces ni siquiera sabe por cuál decidirse dentro de una misma marca.

Este es el mundo en el que nos encontramos hoy, y este es el reto al que los empresarios que sobrevivan se enfrentan. La buena noticia es que usted en este libro va a aprender cómo ajustarse usted y su empresa a este nuevo mundo digital y salir victorioso. Para finalmente tener a ese cliente que metió su mano en el bolsillo, sacó el dinero y se lo entregó exclusivamente a usted para comprar su producto/servicio.

EL MEJOR MOMENTO DE LA HISTORIA

Es por todas las anteriores razones mencionadas que el mejor momento en toda la historia de la humanidad para actuar y cambiar es ahora, porque la expansión tremenda del mundo digital está ocurriendo justo hoy y sobre todo para América Latina.

De hecho, esta gran explosión ha ocurrido muchísimos años atrás, pero en América Latina hasta ahora la estamos empezando a ver. Existen, por ejemplo, programas donde grandes empresarios y millonarios como el fundador de Facebook (Mark Zuckerberg) que están impulsando el que los gobiernos financien Internet para toda su población.

Significa que cada día hay más personas conectadas a Internet. Y en el futuro, literalmente, todo el mundo va a estar conectado a Internet porque es el medio de comunicación más efectivo, rápido e incluso económico para conectar a las personas, para conectar ideas, para comunicar, para hacer marketing y para hacer cualquier tipo de interacción que las personas estén necesitando.

Como usted se da cuenta, todos los clientes están buscando todo en Internet.

Antes de que una persona decida comprar cualquier cosa que se le ocurra, ya sea flores para el día de la madre o para el cumpleaños de su madre, un regalo, un vehículo, un celular, una cirugía estética, cualquier cosa que la gente quiera comprar, consulta con nuestro amigo Google, y allí encuentra la información que necesita en relación al producto/servicio que quiere adquirir.

Si por ejemplo, esa persona está buscando un auto con XYZ características, entonces escribe "auto que tenga XYZ" y le van a aparecer resultados. Y si usted es una comercializadora o productora de autos, necesita estar entre esos resultados, de otra forma será muy difícil que las personas lo encuentren.

Usted necesita adaptarse a partir de hoy, porque estos cambios están sucediendo y en el momento en el que usted no se adapte, esos cambios van a afectarle negativamente. No lo quiero asustar, pero es la realidad que se repite y se repite de empresas que no se han adaptado antes que los cambios del mundo les hagan pasar un muy "mal rato".

Así como, por ejemplo, Blockbuster no vio que una empresa tan pequeña como era Netflix podía literalmente dejarla en la quiebra. Cómo no se dio cuenta en ese momento cómo el mundo digital estaba creciendo, y cómo las personas estaban empezando a consumir el tipo de contenidos que Blockbuster ofrecía (películas, shows etc., etc., todo en ese entonces en VHS y otros formatos).

Y, al no adaptarse, lo que hicieron fue dar la oportunidad a otros la aprovecharon al máximo y finalmente terminaron en la quiebra debido a ese gran cambio que en ese momento no era tan obvio, así como esos cambios muchas veces no son obvios.

En conclusión: usted se necesita adaptar para que su negocio no sólo se expanda y crezca, sino para que pueda estar utilizando todas las herramientas que están a su disposición a día de hoy para que pueda atraer a un número ilimitado, constante y predecible de nuevos clientes a su negocio que estén llegando mes tras mes.

Y todo eso a través de todo ese sistema de marketing digital que le estoy enseñando a construir en este libro.

Este sistema es el que le permitirá ir tranquilo de vacaciones cada vez que lo desee; imagínese llegar temprano a casa, compartir tiempo de calidad con sus seres amados sin tener que preocuparse por nada, porque usted sabe que tiene seguridad, es decir; no espera, no tiene la esperanza, si no que sabe con certeza que usted tiene clientes, ventas y dinero porque tiene un sistema automatizado de atracción de clientes que funciona 100% para usted.

CAPITULO 2
CONOZCA LAS REGLAS DEL JUEGO ANTES DE ENTRAR EN ÉL

Voy a hablar un poco acerca de cuáles son esos mitos de Internet en el mundo de los negocios, esas creencias populares que se han introducido en el mercado y nos han hecho a muchos empresarios no estar en Internet de la forma correcta o tener algunos paradigmas que nos limitan a la hora de avanzar en todo ese tema del marketing digital.

MITO #1 – "PARA ESTAR EN INTERNET LO PRIMERO QUE TENGO QUE HACER ES PUBLICAR UNA PÁGINA WEB SOBRE MI EMPRESA, MIS PRODUCTOS Y MIS SERVICIOS"

Siempre que me encuentro en un seminario o en una conversación con uno de mis clientes comparto una metáfora muy interesante para ver que eso en realidad no solo está equivocado, sino que sólo tener una página web no es garantía de éxito.

Imagine que usted tiene un local comercial físico en la ciudad donde se encuentra actualmente, e imagine que quiere abrir una sucursal en un país diferente al suyo (uno donde ni usted ni su negocio han estado jamás). Llega a este nuevo país y lo primero que hace es registrar su empresa comercialmente ante la Cámara de Comercio de dicha ciudad en dicho país, pero no hace nada más.

En el registro de la Cámara de Comercio tienen todo: quién es usted, qué hace la empresa, qué servicios o productos brinda… ¡Ahí está todo!

Ahora le pregunto: *¿le van a llegar clientes?*

¡NO!

Las personas no van a estar comprando sus productos o servicios solo por el hecho de tener su empresa registrada.

Este ejemplo es el equivalente de tener una página web y nada más, es el equivalente a tener un local comercial escondido donde absolutamente nadie lo ve, y donde la gente ni siquiera sabe que existe.

Probablemente su negocio ya tiene una página web, y la creencia popular en el mundo empresarial es "para que mi negocio esté en Internet necesito una página web". Y además se cree que en el momento en que la página web esté en el "aire virtual" eso va a traer clientes a través de Internet. Y también probablemente se ha dado cuenta de que esto no es así.

Muchos de mis clientes han decidido contratar el diseño de una página web, y de lo que siempre se aseguran inicialmente es que sea muy linda, que tenga los colores, el logo de su empresa y que diga lo que la empresa hace, sus clientes y la experiencia que han tenido, etc.

Pero los empresarios lanzan su web y después de algunos años yo les pregunto:

¿Qué tantos resultados positivos (ROI) le ha dejado el sitio web a su negocio?

Unos esbozan una sonrisa tímida y otros se ríen, pero la respuesta el 80% de las veces es: Ninguno. El 20% de las veces es: No tengo idea…

Y es aquí cuando empezamos a trabajar con estas empresas a construir lo que verdaderamente cualquier empresa necesita para tener éxito atrayendo clientes y ventas a través de Internet:

Un sistema de marketing digital efectivo y que funcione.

Es decir, si usted tiene un local que está escondido, entonces crea estrategias para que la gente llegue a ese local, la dirección, las indicaciones de cómo llegar, o pone a una persona para que desde la calle los atraiga y los lleve al sitio, entren y compren.

Eso es básicamente lo que implica un sistema de marketing efectivo que funcione en su negocio, y se da cuenta de que una página web es simplemente el primer paso.

Uno de los elementos que necesita su sistema de marketing digital para que pueda estar funcionando efectivamente es una página web. Pero simplemente quería hablar de este mito, porque muchos empresarios dicen "tengo una página web y ya está", pero a menos de que usted tenga un sistema de marketing digital efectivo, esto no va a funcionar para su negocio.

MITO #2 – HAY QUE ESTAR EN LAS REDES SOCIALES

Eso es algo muy común y que escucho todo el tiempo de cantidad de empresarios.

Las redes sociales han estado de moda. Los empresarios de todo el mundo creen que hay que estar en las redes sociales, es como: "hay que ir a esa fiesta", pero a menos de que usted haga algo correcto en esta fiesta no se va a ir con ningún resultado, no va a traer a la chica que quiera o cerrar el negocio que está buscando.

Los empresarios dicen: "tengo que abrir una cuenta de Facebook, una fanpage, una cuenta de twitter, un perfil en LinkedIn"… Y así lo hacen, lo abren y publican de vez en cuando, luego se dan cuenta de que esto no les atrae ningún resultado.

La verdad es que no hay que estar en todas las redes sociales. Sólo hay que estar en las que son más utilizadas por su público objetivo.

Veamos un ejemplo, si tiene un negocio que es netamente empresarial y su público son ejecutivos de empresas, de grandes compañías, de pronto hay redes sociales como LinkedIn que le servirían a usted.

Es como ir a vender hamburguesas de carne y pollo a una convención de vegetarianos... una pérdida de tiempo.

La elección de una red social en la que usted, su marca y su empresa deben estar, se basa primero en la pregunta de ¿dónde está mi público? Y antes de esa pregunta tiene que saber ¿quién es mi público?

Aquí es donde usted define muy detalladamente: mi público objetivo son personas con estas características, con este género, con estos intereses, y ahí sí dice "estas personas están en X red social"

Es en ese momento que usted decide cuáles son las redes sociales en las que su empresa y su marca necesita estar, de otra forma, si su público no está, no tiene sentido que usted esté.

Si seguimos con la metáfora de la fiesta: suponga que usted está vendiendo un producto específico para un público especifico y le invitan a una fiesta con un público totalmente diferente, en donde usted sabe que no hay ninguna persona que realmente le pueda comprar su producto o su servicio porque no les interesa o porque no lo necesitan o ni siquiera son el público objetivo que usted está buscando. Entonces se pregunta, si su objetivo es vender, "¿tiene sentido ir a esa fiesta?", probablemente no. Lo mismo sucede con las redes sociales.

MITO #3 – MIS CLIENTES NO ESTÁN EN INTERNET

Con seguridad le digo: sus clientes están en este momento y probablemente en este mismo instante en el que usted está leyendo estás líneas, buscando una solución al problema actual que tienen y esa solución la tiene usted en sus manos y se llama: su producto/servicio.

A menos de que su público sean personas de una edad muy avanzada, mayores de 85 años, sus clientes sí están en Internet.

Es muy importante entender que si su público objetivo no tiene una cuenta de Facebook, twitter, LinkedIn, Pinterest etc. no quiere decir que sus clientes no estén en Internet, porque esas personas sí utilizan su email, sí utilizan los buscadores, sí ven noticias online, videos en YouTube de temas que son de su interés.

De hecho, uno de nuestros clientes, que vende un producto que ayuda a mejorar la salud de personas mayores, en un principio veía que su público no estaba en Internet porque eran personas mayores. Pero él se dio cuenta de que esas personas estaban buscando activamente una solución en el buscador de Google.

Ellos (su público objetivo) entran en el buscador de Google y escriben "cómo solucionar este problema de salud que tengo" y en ese momento él se dio cuenta de que su público sí estaba en Internet.

Hay dos tipos de público en Internet para efectos de marketing: el que busca activamente y el que tiene un problema pero no busca una solución.

Y consiste en lo siguiente:

Por ejemplo, puede que las personas estén entrando en Google y estén escribiendo la categoría de su producto o servicio (de hecho, más adelante vamos a hacer un ejercicio).

Por ejemplo, si usted vende reparación de vehículos, entonces la persona puede buscar en Google "reparación de vehículos en _____" y pone la ciudad donde está, por ejemplo "Lima, Perú", y entonces si yo tengo mi vehículo dañado pongo "reparación de vehículos en Lima" y me van a aparecer una serie de opciones.

Y eso es lo que se llama una búsqueda activa, cuando una persona voluntariamente ingresa en el buscador de Internet (Google, Yahoo!, Bing, YouTube) y escribe algo pues está buscando una solución a su problema.

La siguiente forma es útil cuando nuestro público objetivo no está buscando activamente la solución a su problema, pero sabemos que efectivamente tiene un problema y que lo puede resolver a través de nuestro producto/servicio.

Para este tipo de público lo que hacemos es "Marketing de interrupción". No es un término muy agradable pero así se llama.

Esto significa que nosotros como empresa nos vamos a situar en el ambiente virtual donde la persona se encuentra normalmente y la interrumpimos con un anuncio, es decir, en ese momento la persona no está escribiendo "quiero reparar mi coche o vehículo en lima" o "centros de reparación de arreglo de vehículos en lima" sino que en este caso, nosotros le decimos a Facebook que queremos poner un anuncio a todas las personas que tengan un vehículo.

Entonces, si yo estoy en Facebook, estoy navegando, viendo fotos de mis amigos, diferentes cosas y en algún momento, en el newsfeed, es decir, en las noticias de Facebook veo un anuncio que dice "¿Tienes tu coche dañando? Haz clic acá y conoce cómo lo podemos arreglar en menos de 24 horas" entonces digo, "eso está genial" y le doy a clic para entrar en el proceso de marketing de ese negocio.

Esas son las dos formas en general de hacer marketing:

En la primera, la persona está escribiendo voluntariamente "necesito reparar mi vehículo", en la segunda la persona está navegando en Internet y haciendo algo que no es buscar una solución a su problema, pero la solución aparece frente de él/ella.

Son dos formas en las que usted puede llegar a su público objetivo; las dos funcionan. Hay unas empresas que dado su tipo de producto/servicio le servirán una más que otra, pero básicamente tiene que saber que existen estas dos formas y como ya hemos venido hablando, el mundo ha cambiando, la gente busca todo primero en Internet, incluso antes que en una tienda.

Ejercicio:

El ejercicio que yo le invito que usted haga es que busque la categoría de su producto/servicio en Internet. En ese momento vaya a su buscador preferido ya sea en su computador, Tablet o Smartphone, vaya a Google.com y escriba la categoría de su producto/servicio, luego haga clic en buscar. Esto va a hacer la búsqueda de lo que las personas están buscando.

Tenga presente que no debe escribir el nombre de su marca ni de su empresa, sino de la categoría de producto/servicio que está ofreciendo al mercado.

Por ejemplo, si usted tiene un centro de reparación de vehículos que se llama "Repara tu auto ya", no va a escribir el nombre del negocio, sino que va a escribir "reparación de vehículos en Lima" y le da "Buscar". La pregunta que yo le hago es:*¿Está apareciendo su empresa en las primeras posiciones o siquiera en esta en la primera página de Google?* es decir, las personas que están buscando en ese momento esa solución que usted tiene en sus manos (su producto/servicio),*¿Le están encontrando a usted?*

Hay dos opciones: o sí le encuentran o no le encuentran…

Si no le encuentran, le tengo malas noticias y buenas noticias. Las malas noticias es que ha dejado muchísimos clientes y dinero sobre la mesa, ha perdido oportunidades de personas que estaban buscando una solución a sus problemas y no le han encontrado a usted.

Las buenas noticias es que existe una gran posibilidad: la oportunidad de que usted pueda construir su negocio para que puedan verlo las personas que busquen y le puedan encontrar.

Ahora si realiza la búsqueda y su negocio está presente allí, felicitaciones. Lo más probable es que con todo lo que va a aprender en este libro pueda mejorar enormemente el proceso de marketing y así mejorar los resultados. Sin embargo, es más complejo que sólo aparecer en los resultados. Como veremos más adelante, hay que tener un proceso detallado de qué sucede una vez la persona ha entrado en su sitio web…

El proceso de prospección, el proceso de conversión, el proceso de fidelización, es todo lo que vamos a estar hablando en la siguiente sección.

Ya debe saber exactamente si aparece o si no aparece en Internet.

MITO # 4 INTERNET ES MUY COMPLICADO Y ESO DE LA TECNOLOGÍA NO VA CONMIGO

Se ha dado cuenta de que Internet es complejo desde el punto de vista técnico y de implementación de todo lo que tiene que ver con los sistemas que van a ir acompañando ese proceso de marketing digital.

La razón por la que es un mito es porque el hecho de que Internet sea complejo no le impide a usted utilizarlo en su máxima expresión o utilizarlo a la mayor de sus capacidades, porque si usted contrata a alguien que sea un experto en esto y le ejecute el sistema por usted, no tiene por qué preocuparse absolutamente de nada de los asuntos "complicados de Internet".

Cuando utilizamos la electricidad en nuestras casas u oficinas, no estamos teniendo que utilizar la electricidad nosotros mismo en el sentido de implementarla, instalarla y saber cómo funciona; simplemente sabemos que funciona y la utilizamos, alguien ya hizo ese trabajo por nosotros. Así funciona esto de la misma manera.

Usted no tiene que dejarse bloquear porque no sabe cómo instalar una página web, porque no sabe cómo utilizar el sistema de auto-respondedor (más adelante vamos a ver qué es eso), no tiene que saber exactamente cómo realizar una campaña de Internet para atraer tráfico hacia su sitio web, cómo hacer analíticas y cada uno de los diferentes elementos que componen el sistema.

Lo más importante es que existen soluciones en el mercado. Como se dará más cuenta adelante, nosotros en la O.M.E prestamos el servicio de la implementación estratégica, táctica y técnica de todo el sistema de marketing. Lo lanzamos como una solución a este problema que tienen los empresarios que no quieren aprender ni perder el tiempo haciendo cosas técnicas en Internet.

MITO #5 TENER MUCHOS SEGUIDORES O FANS ES SINÓNIMO DE TENER MUCHO ÉXITO EN MARKETING DIGITAL

Muchos empresarios confunden el que usted va a tener éxito en Internet cuando tenga cientos de miles o decenas de miles de seguidores en Facebook, Twitter, o en otras redes sociales.

Permítame decirle algo:*¡El colegio de sus hijos no se paga con seguidores, ni con fans!*

Usted lo que necesita, independientemente del éxito que tenga en las redes sociales, es dinero, es decir, **ingresos**. Eso es lo que va a hacer crecer su negocio.

Si usted tiene un millón de fans o dos millones de fans en su página de Google+ o en su página de Facebook, a menos de que usted esté monetizando a esos seguidores, sólo es realmente como un espejo, un objeto brillante.

Por eso es que muchas veces, los empresarios y las agencias digitales se enfocan en conseguir más fans y seguidores, e incluso lo muestran como una señal de un muy buen trabajo… la verdad es que esto puede ser una gran ventaja en ciertas ocasiones pero no es lo que realmente le va a representar a usted ni a su empresa el éxito en Internet.

Recuerde que lo que usted necesita son clientes, personas que estén pagando por sus productos y servicios, porque los fans no le sirven de nada; nada más que como un número para mostrar y en muchos casos sirve de credibilidad. A menos de que las redes sociales generen para usted prospectos, clientes y ventas, entonces realmente no está haciendo nada con las redes sociales.

MITO #6 EL EMAIL MARKETING NO FUNCIONA

Yo personalmente viví esto en carne propia, déjeme contarle…

Hace unos años atrás compré una lista de contactos, de prospectos, les envié emails masivos y no funcionó.

Quiero hacer una aclaración: eso que muchos empresarios hacen, y que yo hice, se llama Spam. En muchos países es ilegal y no es bueno hacerlo nunca.

Le hago la siguiente pregunta, *¿le ha pasado que en alguna ocasión ha recibido un email de alguien que usted no conoce (ni esa persona a usted), acerca de un producto que no le interesa?*

Si la respuesta es "Sí", quiero preguntarte *¿cómo se sintió?*

Seguramente se sintió que le estaban invadiendo su privacidad. La primera pregunta que se viene a la mente es ¿quién demonios le dio mi dirección de correo electrónico a esta persona? Y probablemente se sintió molesto con la persona que envió este email. Esto ocurre sólo cuando le llega un email que no estaba ni esperando ni solicitando, ni interesado en recibir, si no cuando también le llega una llamada.

Muchas personas se van a molestar si hace lo mismo con ellas. Cuando usted compra una lista, tenga presente que esas personas no le conocen ni a usted ni a su marca (en la mayoría de los casos). Segundo, usted no sabe si esas personas están interesadas genuinamente en lo que usted le está ofreciendo y, tercero, usted no sabe cómo esas personas vayan a reaccionar porque usted está invadiendo su privacidad.

En el marketing digital lo primero que tiene que hacer es obtener y pedir el permiso voluntario de esas personas para que usted le pueda enviar emails.

De hecho, si usted ha recibido o empieza a recibir correos electrónicos de parte nuestra es porque en algún momento ha dejado su información voluntariamente para que le enviemos algo. Déjeme mostrarle cómo funciona el proceso:

Si quiere recibir totalmente gratis una campaña de Email marketing con formatos de los emails exactos que debe enviar para aumentar las ventas entonces visite la siguiente página web:

http://organizacionmundialdelexito.com/regalo-lectores-plan-marketing

Cuando entre allí le pediremos su nombre y su email. Así que cuando reciba emails de nuestra parte es porque ya nos dio su permiso.

En otro escenario si yo hubiera comprado una base de datos en donde su información estuviera allí y le envío un email es algo muy diferente. En cierta forma, el email que recibió dadas las primeras circunstancias en donde usted se inscribió, sí lo estaba esperando, sí lo autorizó, sí sabe quién soy yo, sabe que se registró, versus la segunda opción: usted no sabe quién soy yo, ni qué hago, ni cómo le puedo ayudar, y sobre todo ahora estoy apareciendo en su bandeja de entrada con algo que le quiero vender.

El email marketing que se hace de la segunda manera no funciona, pero el email marketing sí funciona en realidad.

El email marketing funciona mejor cuando ya veamos en el siguiente capítulo cómo usted puede utilizarlo para que esa persona que ingresó en su sistema, viva un proceso de seguimiento de email marketing que lo lleve a través de un proceso de generación de confianza, a través de un proceso en el que usted pueda posicionar su marca y a la vez generar las ventas que tanto desea por parte de su prospecto.

Mi mejor recomendación es que no compre/rente una lista y envíe email masivos porque eso no le va a funciona. En ese sentido, lo que usted tiene que saber es que el email marketing va a funcionar si usted lo utiliza como le vamos a enseñar más adelante.

MITO #7 MI SOBRINO ME PUEDE HACER UN SITIO WEB MUCHO MÁS BARATO

¡Eso realmente es un error!

Muchos empresarios dicen que tienen un contacto, un sobrino, un ahijado, alguien cercano que está estudiando diseño y le puede hacer una página web bonita y no le va a cobrar, y en muchos casos se la regala, y otras ocasiones le cobra 50 dólares o prácticamente nada.

Para muchos empresarios eso es muy atractivo.

Primero que todo recordemos el mito número 1 "necesitamos tener una página web sólo para aprovechar al máximo el poder del marketing digital". En estos momentos se da cuenta de que una página que le haga una persona de esas características no le va a marcar la diferencia porque usted no necesita una página web: necesita un sistema de marketing digital.

Independientemente que la haga su sobrino o la mejor empresa de diseño web, no va a tener ninguna diferencia a menos de que haya una estrategia detrás, un sistema de marketing digital que esté soportando a la página web como uno de los elementos iniciales de todo el proceso que vamos a ver más adelante.

BENEFICIOS DE UTILIZAR INTERNET EN SU NEGOCIO

Vamos a hablar de los beneficios de utilizar Internet para su empresa y por qué Internet es el mejor medio para alcanzar nuevos clientes.

Menos inversión publicitaria

Lo primero que va a pasar es que necesita menos inversión publicitaria. Si usted se va por ejemplo, a invertir en un canal de televisión, de radio, un anuncio de 30-40 segundos máximo, tiene no sólo que pagar una cantidad enorme de dinero, sino que también debe correr en repetidas ocasiones ese anuncio para que sea lo suficientemente efectivo y genere ventas de su producto/servicio.

Hay algo que sucede en este escenario, cuando usted toma un programa de radio o de televisión, diario o periódico, usted está llegando a todas las personas que lo están viendo. Si por ejemplo, su producto es especializado para mujeres y usted decide publicitar en X programa que tiene una audiencia femenina en su mayoría.

Si usted ve ese canal, usted paga una cantidad enorme por 30 segundos y paga por las "vistas" de muchas personas que ni siquiera son su público ideal, pues van a ver su anuncio.

Usted está desperdiciando recursos publicitarios, porque paga por esos ojos que están viendo ese anuncio en ese momento. Pero simplemente por el hecho de que no está llegando a la persona adecuada, va a estar viendo que eso es un desperdicio de su inversión. Si por ejemplo, digamos que este programa tiene muchísimo rating, que lo están viendo muchas personas en simultáneo, (sé que estoy exagerando pero solo para mantener las cifras simples): un millón de personas están viendo este anuncio, digamos que ese millón de personas sólo 500 mil son las mujeres que usted necesita. Y tiene que pagar por un millón de vistas sólo para que 500 mil mujeres lo vean. Es decir sólo un 50% del público potencial está viendo su anuncio.

Ahora, de ese público potencial, ¿a cuántos realmente les va a interesar el producto/servicio? Un número mucho más pequeño… y de esas mujeres interesadas, finalmente ¿cuántas de ellas van a la tienda a comprarlo? ¡Un número muchísimo más pequeño!

En comparación, usted está pagando porque su anuncio sea visto "masivamente" pero realmente está desperdiciando la inversión porque no está llegando específicamente a su público ideal.

Internet es totalmente diferente porque usted sólo llega a las personas que efectivamente usted quiere llegarles. Si usted me dice: mi público ideal son mujeres de México que tengan entre 25 y 35 años y que hayan acabado de tener un bebé o que sean recientemente madres, entonces su anuncio sólo va a ser mostrado a esas mujeres, no lo van a ver hombres, ni siquiera mujeres fuera de ese rango de edad…

Y ocurre algo aún mucho más interesante que no sucede en la publicidad tradicional, y es que usted sólo va a pagar por las personas que tomen la acción que usted quiere, por ejemplo, las que hagan clic y vean su oferta.

Usted no va a pagar sólo por personas que estén viendo su anuncio, si no por personas que tomen acción sobre su anuncio.

Imagínese, siguiendo con el mismo ejemplo, en la televisión un millón de personas lo vieron. 500 mil eran mujeres (y no podemos saber más que eso), y de esas 500.000 digamos que solo 1.000 tomaron acción y compraron el producto o hicieron la llamada telefónica o lo que usted quería que hicieran.

En televisión usted tiene que pagar la cifra completa del millón de personas. En Internet teniendo las mismas cifras usted sólo paga por los 1.000 que realmente están interesados y que están haciendo el siguiente paso para comprar su producto o servicio.

Usted se da cuenta cómo eso nos cambia el juego, porque está llegando única y exclusivamente no sólo a los ojos de su público ideal, sino a que la persona tome la decisión que usted quiere que tome (que vaya a su sitio web, que canjee un cupón de descuento, que realice una compra online, etc.).

Eso es lo que hace reducir enormemente su inversión y por esa misma razón su inversión es muchísimo más responsable. Tiene un mayor control y responsabilidad, porque si pone el anuncio de televisión y a la vez está haciendo un anuncio en radio y prensa del mismo producto/servicios, usted al día siguiente no sabe cuál de estos medios está teniendo mayor rating o mayores resultados.

Si usted invirtió $10.000 dólares en el periódico y $50.000 en la televisión y $30.000 en la radio, no sabe si está recuperando la inversión y de qué medio específicamente.

Es más, si usted tiene su anuncio en varios canales de televisión o varios programas en los cuales está haciendo anuncios, no sabe específicamente cuál de esos canales está generando los mejores resultados.

En Internet usted sí lo sabe, si tiene varias campañas en diferentes sitios y medios, usted sabe exactamente cuál es el rendimiento de cada campaña por cada día y por cada dólar invertido, cada dólar que usted invierta en publicidad cuánto le está generando en retorno (ROI).

Esa es una información supremamente valiosa pues le permite escalar muchísimo la campaña y decidir si esa campaña está siendo exitosa, si puede mejorar, si tiene que cambiar o simplemente eliminarla. Mientras que en televisión o en el mundo tradicional de la publicidad y del marketing eso no es posible.

Segmentación avanzada

Primero usted puede seleccionar demográficamente a su público. Con el ejemplo anterior, "yo quiero llegarles solo a personas de género masculino o femenino que tengan esas edades y que vivan en X población, que tengan este título profesional, y este cargo laboral).

Veamos un ejemplo:

Definición de un público objetivo en televisión:

"Hombres de entre 25 y 50 años de Perú", no se puede segmentar más.

Definición de un público objetivo en Internet:

"Hombres de entre 25 y 30 años, de la ciudad de lima Perú, que hayan estudiado carreras administrativas y actualmente se encuentren laborando en el sector de la salud"... y se puede seguir segmentando más si se requiere

A un nivel mucho más profundo puede seleccionar características pictográficas, por ejemplo, qué le interesa a esas personas, por ejemplo, siguiendo con lo que estábamos hablando, a esos hombres de Lima, Perú... puede seguir añadiendo características "Y qué además les interese el deporte y la salud".

Ahora no solo está hablando de características demográficas que son las que hablamos inicialmente, si no también características psicográficas, del interés de la persona, del estilo de vida que tiene, de los intereses específicos que esa persona está utilizando para vivir su vida.

Se da cuenta que cuanto más segmentación usted tenga en su público, usted puede mejorar notablemente su marketing y eso le puede representar grandes beneficios en términos de retorno sobre la inversión (ROI).

En Internet usted puede segmentar su público tanto como usted lo quiera. Esa segmentación no sólo sirve para si usted está vendiendo B2C "Business to Consumer", si no también B2B "Business to Business".

Si usted vende a negocios tenga presente algo, y es que un negocio es una figura compuesta de personas. Un negocio nunca toma una decisión, la decisión que toma el negocio es tomada por personas dentro del negocio a nombre de la empresa.

Usted podrá decir: "yo vendo servicios o consultoría a empresas, esta segmentación no sirve para mis empresas".

Fíjese que sí le sirve, porque usted no va a estar haciendo targeting a una empresa; usted está segmentando a un individuo que es el que finalmente toma la decisión de compra, es el ejecutivo, el director, el director de compras, de recursos humanos, de marketing, de producción, etc. una persona dentro de esta empresa, es la que autoriza la compra y la que la hace en nombre de la empresa.

Usted puede segmentar a esa persona dentro de esa empresa para que sea su público objetivo. Usted dice: "yo necesito directores de marketing que tengan este ingreso, que tengan estos estudios y que además estén laborando en una empresa del sector industrial" por ejemplo.

Medición Avanzada

Imagine que cuando usted paga un anuncio en radio, y ellos le dicen "en esta ocasión lo escucharon X números de personas" la verdad le queda la incógnita: ¿cuántas de esas personas estarán haciendo la llamada, o fueron al sitio web, o compraron el producto?

En Internet tiene la ventaja de que todo, absolutamente todo, queda registrado en estadísticas y métricas gracias a las herramientas que usamos en Internet.

Entonces si por ejemplo lanza tres campañas simultaneas: una desde Facebook, una de LinkedIn, y otra de Twitter, usted sabe desde el primer momento cuál de esas campañas está atrayendo la mayor cantidad de prospectos, cuántos prospectos, cuántos clientes y cuánto dinero le está produciendo cada una de las campañas. La de Twitter le está produciendo X, la de LinkedIn Y y la de Facebook Z.

Usted tiene esos datos y sabe cuántas personas compraron en la primera visita a su sitio web, cuántas personas compraron la segunda, cuántas el tercer día, lo que sea que usted quiera lo puede medir.

En ese sentido existe una gran ventaja, porque puede saber exactamente cómo están rindiendo sus campañas, cuál es el ROI sobre la inversión para que pueda tomar mejores decisiones sobre cada una de ellas.

Automatización 100%

Si usted tiene uno de estos sistemas de marketing digital, de lo que se va a dar cuenta es que hay muchos procesos que se automatizan.

Por ejemplo, si usted antes tenía que contestar el teléfono, enviar una cotización, enviar una carta o hablar con alguien en el teléfono para vender su producto o servicio, ahora con Internet puede automatizar el 100% de todo ello.

Cuando usted se registre en uno de nuestros sistemas de marketing digital que se encuentran en este libro, se dará cuenta de que le van a llegar varios emails en secuencia, que son parte de un seguimiento automatizado de email marketing.

También puede automatizar el proceso de compra y dejárselo encargado a una "carta digital de ventas" o a un "video carta de ventas". Incluso el proceso de entrega de información, de fidelización de clientes, se puede automatizar en un gran porcentaje.

PRINCIPIOS DEL MARKETING DIGITAL

Vamos a ver cuáles son los principios del marketing digital. Esto es muy importante porque esos principios son los que nos van a dar las bases y los pilares de cómo hacer marketing y que a la vez nos pueda ayudar a tener mejores resultados a través de Internet para su negocio.

Principio #1 – El Mejor Tipo De Marketing

Lo primero que necesitamos diferenciar es el marketing directo versus el marketing tradicional.

Quiero darle un ejemplo. De hecho, es una historia real que yo siempre cuento en mis seminarios o cuando tengo la oportunidad de hablar con cualquiera de mis clientes.

Seguramente ha visto que el Superbowl, el campeonato más grande del mundo de football Americano en Estados Unidos, es uno de los eventos publicitarios más grandes y más costosos de todo el mundo.

Las grandes empresas literalmente invierten millones de dólares sólo por aparecer en esos cortos comerciales de pocos segundos de duración.

Quiero hacer dos distinciones: primero es en relación a lo que hablábamos anteriormente. Esas grandes empresas están jugando a lo que se llama "posicionamiento de marca", el cual se puede realizar en varios niveles, pero en el nivel en que ellos están jugando es el siguiente:

Tomemos una empresa que casi siempre anuncia allí: Goodyear, la empresa de llantas para diferentes vehículos. Goodyear lanza un comercial que normalmente lo que hace no es vender llantas, no le dice a la persona "ve a la tienda y compra una llanta porque estamos en descuento"; normalmente eso no es lo que dice el comercial.

Lo que hacen es mostrar un comercial gracioso, divertido e interesante para que la marca se posicione en la mente de la persona, es decir, la idea de ellos es estar en tantas partes como sea posible, para que cuando usted necesite unas llantas, usted piense "llantas" y automáticamente asocie la marca de Goodyear y en ese momento usted compre unas llantas Goodyear.

Y ese es un juego a largo plazo, pero nosotros no podemos jugar a lo mismo. No podemos jugar a que queremos posicionarnos en la mente de unas personas que en este momento no están necesitando nuestros servicios o productos y que en el momento en el que lo necesiten vayan y lo busquen por puro posicionamiento.

Lo que necesitamos es dirigirnos a las personas que en ese momento estén necesitando ese producto o servicio y hacer que en los próximos días se vuelvan nuestros clientes.

No podemos jugar en el mismo nivel de posicionamiento de marca que juegan las grandes corporaciones, aunque nosotros como empresarios de pequeñas y medianas empresas sí podemos llegar a posicionar nuestra marca utilizando otras técnicas que vamos a ver más adelante.

Otro factor importante que tiene que ver más con el mundo de la publicidad en sí, es que normalmente también estos comerciales están compitiendo por ganar el mejor comercial en el festival de Cannes, o en el festival de X Y o Z.

Lo que sucede con eso, es que esos comerciales no están siendo premiados por el ranking de los que más venden, es decir, los que más resultados producen en términos de ventas… sino es por el contrario que están siendo premiados, por los más creativos, los más divertidos, los que a la gente les gusta más, etc..

Y es así cómo muchas empresas y agencias de publicidad se sienten orgullosas de que su comercial ha ganado X número de galardones en ciertos festivales, porque ha sido un comercial muy divertido que ha hecho reír a millones de personas en el mundo.

Lo curioso de todo este asunto es que muchas veces estos comerciales incluso no han generado ROI positivo, es decir: han sido una pérdida de tiempo y dinero.

Yo le hago la pregunta, ¿qué sentido tiene hacer eso? Es por eso que nosotros debemos utilizar marketing directo, que se diferencia bastante del marketing tradicional.

El marketing tradicional juega al posicionamiento de marca en ese nivel. Ahí simplemente va a tratar de posicionarse en la mente de su prospecto para que en el momento que se necesite su producto o servicio se acuerden de usted, vayan voluntariamente y lo elija.

El marketing directo lo que busca es siempre una respuesta: muchas personas lo llaman marketing de respuesta directa. Consiste en que siempre que usted haga un proceso de marketing, contenga dentro de sí un proceso para que esa persona vaya por una serie de pasos, para que finalmente se vuelva su cliente. Y eso requiere que las personas siempre respondan a su marketing.

En marketing digital, este marketing directo lo evidenciamos cuando queremos, en el primer momento de la relación, convertir un desconocido en un prospecto. Este proceso se conoce como "Opt-in", en donde la persona "opta por entrar" en el sistema de marketing y voluntariamente registra sus datos para que se le siga haciendo más marketing.

Esto se hace a través de un Imán de Prospecto (Capítulo 3) en donde usted va a ofrecer algo gratis a esta persona a cambio de la información de contacto. En ese momento, la persona esta respondiendo a su anuncio publicitario y así se hace marketing directo. Donde vamos directo a una respuesta que queremos de la persona, en este caso, que se convierta en prospecto dejándole sus datos de contacto.

Sigamos con el ejemplo de la mamá de México que quiere tener la mejor educación para su niño que acaba de nacer. Supongamos que esa persona está en Facebook y que esa mamá vio mi anuncio que dice:

"¿Fuiste mamá recientemente? Entonces descarga este video gratis en dónde te explicaremos como tú puedes criar a tu hijo para que sea un genio y sea el más inteligente de la clase"

Esta persona hace clic y va a una página que contiene un formulario que le dice "Deja tu información y a tu email te enviaremos el vídeo". Así que la persona llena la información, se registra en el sistema y responde al anuncio. Eso es marketing de respuesta directa...

No le estoy diciendo "mira, nosotros somos la mejor compañía en educación de hijos, somos la mejor empresa, tenemos cinco años de experiencia, tenemos los mejores reconocimientos" si no que estoy hablándole a la persona de algo que la haga responder. De esta forma, en el momento en que esa persona deja sus datos, ya es mi prospecto, ya la tengo en mi base de datos y le puedo hacer seguimiento a través del email marketing.

Por eso es que es importante esta distinción.

El marketing tradicional, como venía diciendo, normalmente tiene el mensaje "mira, yo soy esto, yo hago esto, yo he hecho esto y soy el mejor por XYZ... bla, bla, bla".

El marketing de respuesta es cómo puedo ayudarle a mi prospecto: "mira tengo esta oferta para ti porque te ayudará a XYZ, para que tú puedas aprovecharla, haz clic acá". En el caso de Internet, el marketing directo lo hacemos en primera instancia al convertir a un desconocido en un prospecto a través del Opt-in.

Principio #2 – Hable De Lo Que Quieren Escuchar No De Lo Que Usted Quiere Decir

Usted tiene que hablar de beneficios en vez de características.

No es beneficioso hablar acerca de las características de su producto/servicio; en lugar de ello hable de los beneficios que cada característica de su producto/servicio le ofrece a su cliente.

Un ejemplo muy tradicional para entenderlo mejor ocurre en la venta de un vehículo. Por un lado usando características el vendedor le puede decir "mira, ese auto tiene aire acondicionado, tiene frenos ABS, un sistema eléctrico XYZ etc.,..."

Esas son características del vehículo. Ahora, algo más poderoso y que generará mayores ventas es hablar acerca del beneficio (lo que esa característica va a representar a la persona):

"Mira como tú sabes acá en este país, muchas veces hace muchísimo frio, entonces cuando tú estés conduciendo en este vehículo simplemente con este botón activas el sistema de aire acondicionado para que la temperatura se regule y puedas ir más tranquilo y cómodo, simplemente lo activas y vas a sentirte fresco dentro del auto, no te vas a asar del calor, no te vas a quemar ni nada por el estilo. Ahora cuando estés conduciendo muy rápido, o cuando otro auto se atraviesa, necesitas que el auto frene de una forma muy rápida. Con ese freno que tú tienes, vas a poder frenar de forma eficiente y evitar accidentes".

Esos son los beneficios del auto, y como ya lo habrás notado, la mejor forma de utilizar el lenguaje en las ventas es a través de los beneficios del producto/servicio que este tiene para el cliente.

Y como veníamos viendo anteriormente, el marketing directo no habla de la marca ni de lo que la empresa hace ni lo fantástica que es; en lugar de ello habla de lo que su prospecto o cliente quiere. Volvamos al ejemplo de la señora que es mamá recientemente.

Si yo le digo, "mire señora, nosotros somos la mejor empresa para educar niños de todo México con cinco años de experiencia, hemos sido aprobados por X organización, nos ganamos el premio de la mejor educadora internacional", es muy diferente a que yo le diga:

"Sabemos que tu hijo es muy importante para ti y que así como tú quieres que él se desarrolle, es importante que ustedes juntos formen una relación adecuada, simplemente haz clic acá, llama acá, y tú vas a poder aprender cómo poder construir esa relación con tu hijo, cómo educarlo de la forma más efectiva".

Son dos comunicaciones diferentes, *¿Cuál cree que va a resonar más con el prospecto?*

En el primer ejemplo yo estoy hablando de mí y de lo que yo hago y en el otro yo estoy hablando de lo que mi cliente quiere, lo que le interesa.

En el marketing directo siempre hablamos de lo que quieren sus clientes, no de lo que usted quiere decir.

Principio #3 – El poder de:
"Me está hablando a mi"

Ahora otro principio es que el marketing siempre se hace a una sola persona; es decir, usted tiene que hablar en primera persona. Si se da cuenta, yo le estoy hablando a usted, que en este momento está sentado leyendo este libro.

Yo no estoy hablando de ustedes, de ustedes que están acá conmigo. Le estoy hablando a usted porque es una comunicación más directa y muchísimo más poderosa cuando se siente personal.

Cuando la persona siente que la comunicación es para "todo el mundo" pierde valor y entra dentro de la categoría de "casual". Cuando siente que es directamente para él/ella, entra en la categoría de "importante".

Por eso cada vez que realice un anuncio o envié un email marketing, piense en escribir directamente a la persona que le está leyendo o escuchando, piense en conectar con ella en un nivel personal y directo, haciendo que su comunicación sea importante.

Principio #4 – El triángulo más poderoso

El triángulo del marketing es otro de los principios que utilizamos dentro del marketing directo. Este es la base principal de que cómo todo este proceso funciona.

El Público Perfecto

El triángulo de marketing tiene tres elementos. Ninguno más importante que el otro, todos son importantes al mismo nivel. Simplemente vamos a verlos en orden de ejecución, los cuales se desarrollan de la siguiente forma:

1. El Mensaje Perfecto
2. Al Público Perfecto
3. A Través Del Medio Correcto

¿Qué es el mensaje perfecto?

Es ese mensaje que hace que su público objetivo reaccione y tome la acción requerida. En este caso, siguiendo con el ejemplo, es lo que usted dice a esa mama (que es el público perfecto) para que responda y deje sus datos de contacto. Es lo que llamamos una oferta irresistible. Es algo que al ser escuchado o visto por su público perfecto, simplemente no se pueden resistir.

Esa oferta irresistible no siempre es para que compren su producto o servicio.

Muchas veces, es simplemente que su prospecto le dé su información de contacto y usted pueda hacerle un seguimiento para convertir a ese prospecto en un cliente.

Y en el momento que usted comunica ese mensaje perfecto, habla en términos de beneficio, de lo que quiere su cliente.

Ahora pasamos al siguiente elemento, definir a su público perfecto que es el grupo de personas específicas que son más ajustadas al servicio o al producto que usted está ofreciendo.

Simplemente tiene que hacer lo que habíamos hablado anteriormente, que es la segmentación avanzada: definir qué tipo de público específico es el ideal para su oferta (producto/servicio).

Definir qué edad tienen, qué género, qué origen geográfico, cuánto ganan en salario, qué profesión tienen. En otro nivel, definir qué les interesa, qué quieren alcanzar, qué quieren evitar, qué están buscando.

Y finalmente en la etapa número 3 usted elije el medio perfecto, es decir, cuál es ese medio a través del cual puede llevar el mensaje perfecto a ese público perfecto.

Cuando usted tiene todos estos elementos, tiene una mesa sólida de marketing, una estrategia sólida de marketing.

La mayoría de las veces los empresarios sólo se enfocan en el medio: vamos a hacer publicidad en Facebook, en YouTube o en Google Adwords, y no se enfocan ni en el mensaje, ni en el público. Esto es un grave error, igual que sólo enfocarse en cualquiera de los diferentes elementos dejando el resto de lado.

Eso significa que cuando usted tenga el triángulo del marketing para cada una de las ofertas que realiza, va a obtener mejores resultados.

Principio #5 – El Rey De La Selva Es... (Pista: no es un león)

Algo que también es un principio dentro de la "selva" de Internet es que el contenido es el rey.

Eso lo dicen grandes maestros de marketing digital y es todo lo que hemos venido experimentando en la evolución que hemos tenido como seres humanos, como personas dentro de este mundo comercial, y se trata de lo siguiente:

No nos vayamos tan atrás, pero vayamos a la época industrial, que fue la época en la que décadas atrás nos encontrábamos. En la época industrial, lo que era valioso era la maquinaria, la mano de obra, las líneas de producción, las empresas grandes etc.

Todos estos anteriores elementos eran los que les daban el poder a las personas. Las personas que tenían más poder, más dinero eran aquellas que tenían las compañías industriales y maquinaria para fabricar vehículos, barcos y diferentes productos que eran los que se comercializaban más en el pasado.

Posteriormente a eso nos dirigimos a una sociedad de la información. Por eso es que las personas que empezaron a tener el conocimiento eran las que eran más valiosas y tenían más poder.

Es en este momento cuando surge la "industria" de la consultoría.

Cuando nosotros tenemos un conocimiento que realmente vale muchísimo porque tiene una aplicación en el mundo que genera valor para otras personas, eso es un activo en sí mismo.

Y estando en esta sociedad de la información y del conocimiento, las personas/compañías que producen el contenido son las que tienen el control y el poder.

Si usted se da cuenta, de hecho, parte de las personas que son más poderosas hoy en día no sólo son las que tienen las más grandes empresas, sino que son, por ejemplo, estrellas de cine, deportistas, presentadores de noticias, reporteros, líderes de opinión, etc.

Porque son ellos los que tienen el contenido a compartir con el resto del mundo y porque son la autoridad en ese contenido. Piense por ejemplo en Oprah o cantantes como Justin Bieber o diferentes personalidades de ese calibre.

Esas personas no tienen una empresa o industria, si no que tienen contenido para compartir (opinión y música siguiendo el ejemplo).

En el caso de un músico, el contenido que comparte son sus canciones, es el entretenimiento que brinda en las personas. En el caso de Oprah son noticias, información, opinión, etc.

Y es así como los reyes de hoy en día son las personas que tienen información y son productoras de contenidos que otras personas consumen.

Asimismo sucede con las PYMES, las pequeñas y medianas empresas de Latinoamérica que producen contenido son las que están liderando.

Le doy un ejemplo: nosotros, la Organización Mundial del Éxito, somos uno de los principales creadores y productores de contenido en Latinoamérica en todo ese tema de marketing digital, y esto lo que ha hecho es posicionarnos como unos expertos, y estar en el TOP de las empresas que prestan servicios y programas de marketing digital.

Cuando usted piensa en las personas que educan equivalen a personas que tienen autoridad, cuando usted educa a alguien, usted es una autoridad para esa persona.

Por ejemplo, cuando los niños están aprendiendo de un profesor, el profesor tiene la autoridad.

Piense que cuando usted está contratando a un consultor que le enseña cómo mejorar el rendimiento sobre su empresa, o cuando está con un profesor de la Universidad, ¿quién tiene la autoridad y el control? Es esa persona.

Cuando usted educa a una persona, usted automáticamente gana autoridad (y la autoridad equivale a confianza). En este momento yo le estoy educando a usted, y automáticamente usted me asigna a mí autoridad y ese proceso de educación en sí mismo. Eso le hace a usted, verme a mí como un experto (y realmente lo soy).

Las personas quieren estar siendo educadas o entretenidas en vez de querer que les vendan. Es muy molesto que yo le llegara y le dijera "mire, compre esto, esta es mi oferta, es lo que yo hago, cómprelo ahora" versus "mire, yo le voy a enseñar cómo puede crear marketing digital para mejorar los resultados de su empresa" y, si yo le educo, le entrego todo este contenido y al final le puedo decir "si usted quiere implementar el marketing digital en su negocio, entonces yo le tengo este programa, este producto".

Primero se educa a las personas y luego se les vende. Por eso es que el contenido es el rey, y por eso usted tiene que producir contenido para que las personas puedan aprender de usted, para así ganar esa autoridad y confianza que necesitan las personas para estar listas para comprarle a usted.

Un prospecto educado es el mejor cliente porque son los que toman las mejores decisiones y los que van a representar para usted el mejor activo de su negocio.

Por ejemplo, independientemente de lo que usted vende, si su cliente está educado respecto a lo que va a comprarle, entonces lo más probable es que lo utilice, que sea claro para él/ella, que no tenga dudas, que no le moleste diciendo que no funciona, que no recibí esto, que yo pensé que esto era para tal cosa o cual cosa. Que sea un cliente que utilice su producto/servicio y lo siga comprando para durante toda su vida.

Cuando usted provee contenido, construye confianza y va preparando poco a poco al prospecto para que esté listo a la hora en la que se le va a vender ese producto o servicio.

Principio #6 –"Uno de nosotros no es como los otros..."

Recuerde que en el principio del libro vimos cómo el prospecto de esta época es cada vez más selectivo, cada vez tiene más opciones para ver qué es lo que va a seleccionar en términos de qué comprar, qué no comprar, si comprar con usted o con otra empresa etc.

Las personas actualmente están tomando más tiempo para buscar, mirar comentarios en línea, etc. Y a raíz de eso elige una opción y lo que percibe que es mejor.

La diferenciación con su competencia consiste en ese último punto; es que usted se posicione a usted mismo como la empresa, la compañía, marca o persona por medio de la cual ese prospecto va a estar adquiriendo la mejor opción.

Eso se hace a través de marketing digital, porque usted es consciente de que muchas veces la gente elige con base en lo que siente y percibe que es mejor.

Esta es una historia muy interesante...

Hay dos odontólogos, los dos se graduaron en la misma Universidad, la misma carrera, estudiaron con los mismos profesores, obtuvieron el mismo título, hicieron la misma especialización porque eran muy amigos.

Después de hacer la especialización, cada uno fundó su propio consultorio. Era cada uno profesional independiente recibiendo clientes, y sólo hubo una diferencia.

Uno de ellos estaba convencido de que para tener éxito necesitaba ser el mejor odontólogo, necesitaba desarrollar mejor sus habilidades de cirugía, sus procedimientos, los materiales.

Por otro lado, el segundo odontólogo dijo, "yo ya soy buen odontólogo, yo ya sé lo que tengo que hacer, voy a ayudar muchísimo a la gente pero me quiero enfocar en marketing. Quiero saber cómo poder atraer más clientes a mi consultorio".

El odontólogo A, quién decía se quería especializar en odontología, lo hizó, se inscribió en diferentes cursos, talleres, especializaciones y cada día era un mejor odontólogo. Pero no porque lo sea la gente lo va a saber, es decir, no porque ese odontólogo haga la mejor cirugía las personas que no lo conocen vayan directamente a invertir en él.

Mientras que el que sabe de marketing sabe cómo puede posicionarse como el mejor y no significa que no sea uno de los mejores, ni que no haga un buen trabajo, si no que todo está en términos de posicionamiento, en términos de lo que percibe la gente, si la gente lo percibe a usted como la mejor opción significa que usted va a tener una gran ventaja en la diferenciación sobre su competencia.

CAPITULO 3
EL MAPA DEL TESORO

En esta sección vamos a hacer un viaje muy interesante, entretenido y gratificante para usted y su negocio. Y como buen viajero déjeme que le indique cuál va a ser nuestro itinerario.

Primero nos vamos a subir a un helicóptero, vamos a volar por encima de un terreno muy especial unos cuantos cientos de metros y vamos a mirar desde arriba el mapa del tesoro. Este mapa del tesoro contiene cada uno de los puntos que debe seguir para construir un sistema de marketing digital que le atraiga prospectos, clientes y ventas a su negocio. Esto que vamos a ver desde la altura es la Estrategia General.

Luego de ver por encima el mapa voy a aterrizar el helicóptero en cada punto y le voy a mostrar desde abajo y caminando las características y la forma en cómo cada uno de estos elementos funcionan. Estas son las tácticas.

Así que venga, tome un respiro y súbase al helicóptero conmigo. Ya está encendido y listo para despegar…

Para que todo esto me sea más sencillo de explicar y le quede 100% claro vamos a usar una metáfora con la cual prácticamente todo el mundo está familiarizado: el matrimonio o el noviazgo. Para efectos de hacerlo más fácil vamos a comparar el acto de vender con el acto de contraer matrimonio o conseguir una novia. Cuando usted le pide la mano a la mujer y le propone matrimonio, es el equivalente en el mundo de los negocios a pedir la venta… y cuando la otra persona dice "Sí", Voilà!, hemos conseguido lo que queremos.

Ahora, lo primero que ocurre en un proceso serio de conquista; es el tener una selección de candidatas, que usted define exactamente: qué tipo de mujer quiere para su vida, qué características físicas desea, qué gustos, estilo de personalidad, etc.

Luego va a un lugar donde pueda conocer a una mujer con estas características. Luego sale con ella y en ese momento construye un noviazgo para que así, después de que se haya construido a lo largo de mucho tiempo la confianza, la seguridad y demás factores, llega el momento en que usted ya le pide el matrimonio. Pero ahí no acaba todo, después de ese matrimonio lo que usted hace es construir un gran matrimonio para toda la vida.

¿Por qué le explico esto? Porque es la mejor metáfora en la que le puedo explicar a usted cómo puede seducir a sus prospectos para que se vuelvan sus clientes, para que usted les pida matrimonio y para que usted pueda llegar a construir un gran matrimonio, es decir, que pueda fidelizarlos de por vida.

Y eso es lo que usualmente los empresarios hacen y es donde empiezan mal.

Van a una fiesta (metafóricamente hablando), se acercan a una mujer que les gusta pero que no conocen, sacan un anillo del bolsillo, se ponen de rodillas y le dicen: "¿Te quieres casar conmigo?

Póngase en la situación de esa mujer. Trate por un momento de visualizarse en los zapatos de ella: ¿qué sentiría si un extraño desconocido que nunca ha visto en su vida se le acerca y le dice que se quiere casar con usted? Probablemente usted como mujer pensará: "¿Quiere casarse usted conmigo? Está loco."

Lo más probable es que la mayoría de mujeres diga que no; me atrevo a decir que un 99% dirá que no. No se van a casar con usted; probablemente si usted habla con miles, una le diga "sí, sí quiero" pero será una de mil, de miles. Me atrevería a decir que tienen que pasar muchísimas, más de miles para que una le diga que sí.

Los empresarios llegan a un prospecto desconocido ya sea en persona, a través de un anuncio de Facebook, un email o el medio que sea y le dicen: "oye, cómprame mi producto pues tiene estas XY características". La persona normalmente y en su gran mayoría va a decir "No".

Ahora nos damos cuenta de que el llegar en primera instancia y pedir la venta no es una muy buena idea, de igual manera como no lo es pedir matrimonio justo en el momento en que se conoce a esta atractiva mujer.

Veamos cómo hacerlo de la forma adecuada. Si usted conoce a una chica y se acerca en esa misma fiesta y le dice: "oye, pude notar que estás disfrutando esta canción ¿te gusta esta canción?" y la chica le dice "sí, me gusta muchísimo", recién entonces usted dice "¿quieres que te invite a una bebida y seguimos hablando?"

Lo más probable es que la chica le diga "sí", porque no es un compromiso tan alto como el matrimonio, es sólo tomar una bebida. Por eso es que existe este proceso de seducción hasta llegar al matrimonio. Entonces tiene que empezar a jugar a largo plazo, usted no puede esperar a que la persona le diga que sí a su propuesta de matrimonio en la primera vez que le conoce porque eso no es realista, mucho menos en este tiempo que vivimos como vimos en la sección número 1.

Pero en el momento en el que usted sepa esto, que el proceso consiste en convertir un desconocido en un prospecto, luego ese prospecto se convertirá en cliente y ese cliente en un cliente feliz y de por vida (fidelización).

Y este modelo tan sencillo de seducción que aplica para relaciones de pareja aplica de manera equivalente en el marketing, y las buenas noticias es que usted tiene en sus manos el equivalente de "el libro de conquista de mujeres" más avanzado del mundo. Tiene la guía paso a paso de cómo convertir esos desconocidos en prospectos, en clientes y en clientes de por vida.

Este modelo aplicado al marketing digital tiene unos ligeros ajustes y son los que vamos a ver a continuación, y se llama el modelo de la "Optimización de valor del cliente"... y este mi apreciado amigo, es el "mapa del tesoro"...

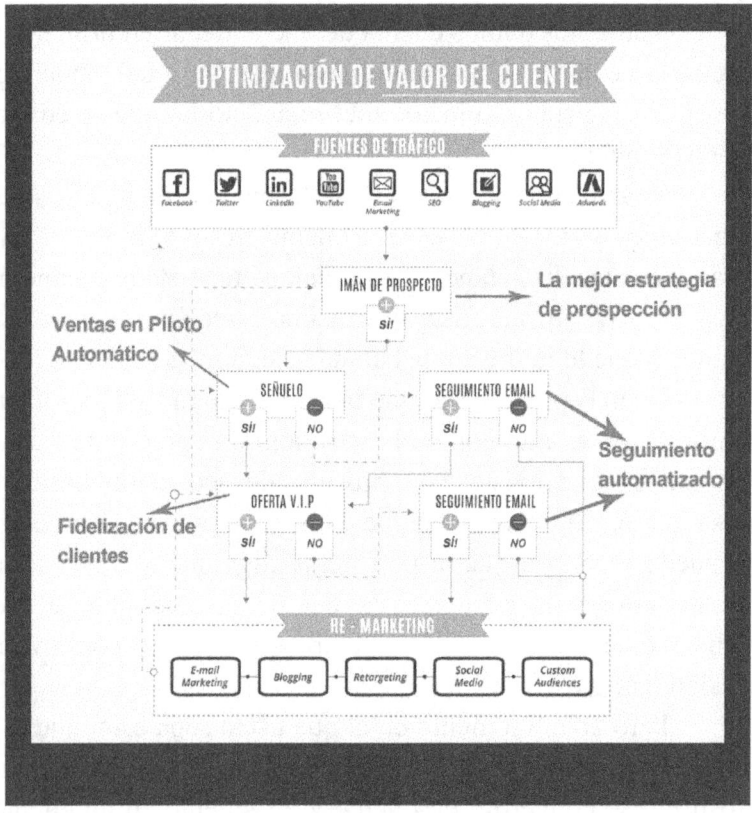

Esta imagen y este proceso es tomada de una de las compañías de Marketing Digital más grandes de Estados Unidos: DigitalMarketer.com

Aquí tiene la imagen del diagrama y aquí es donde usted se encuentra conmigo en el helicóptero varios cientos de metros sobre la superficie, así que déjeme guiarle por todo el "mapa del tesoro".

Aquí, en la parte superior, nos encontramos con que existen fuentes de tráfico. Estas fuentes son los lugares donde están esas mujeres que usted ha definido que quiere conocer. Así, puede conocerlas en un café, en una fiesta, en una biblioteca, en una reunión con amigos, en un campus universitario, en un concierto, etc.,

Su público objetivo en este momento está en alguna de estas fuentes de tráfico, está buscando una solución en Google, está mirando su Facebook, está en su perfil de LinkedIn o simplemente está leyendo los últimos acontecimientos en un sitio online de noticias.

Lo primero que usted hace es identificar en cuál de estos lugares se encuentra la mujer que desea, si quiere una mujer culta e inteligente lo más probable es que no la encuentre en un bar a las 2 de la mañana, pero si va a una biblioteca probablemente se encontrará con varias.

De esta forma y dependiendo de su púbico objetivo usted se puede dar cuenta de en qué sitios se encuentran para que luego usted y su marca puedan estar allí.

Ahora, cuando usted ya está en ese ambiente, lo que hace es ofrecer un imán de prospecto. No se preocupe porque recuerde que cada uno de estos ítems que le estoy mencionando acá los vamos a ver de cerca cuando "aterricemos" y estemos en cada uno de ellos más adelante.

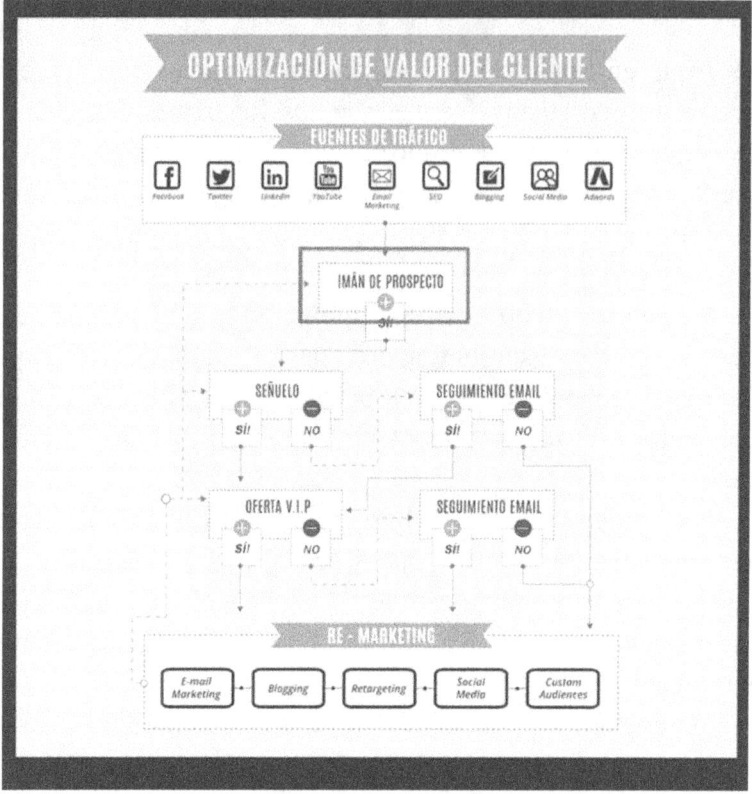

Un imán de prospecto es el equivalente de convertir a la mujer desconocida que tiene enfrente de usted en alguien conocida. Entonces en este ejemplo, usted le dice "¿quieres un café, te puedo invitar a un café?". La chica dice "sí" y en ese momento cuando están tomando café usted le dice:

"Me ha gustado mucho hablar contigo, sería genial vernos de nuevo ¿me puedes dar tu número de teléfono?

La chica le dice "Claro, apúntalo es: 43566..."

En ese momento usted ya tiene el dato de contacto de la mujer y ya no es más una desconocida: es ahora una mujer conocida que voluntariamente le dio sus datos de contacto.

Un imán de prospecto tiene la misma intención, volver a un desconocido su prospecto y que él/ella voluntariamente le dé sus datos de contacto para que usted pueda hacerle un seguimiento y luego sí convertirlo en cliente.

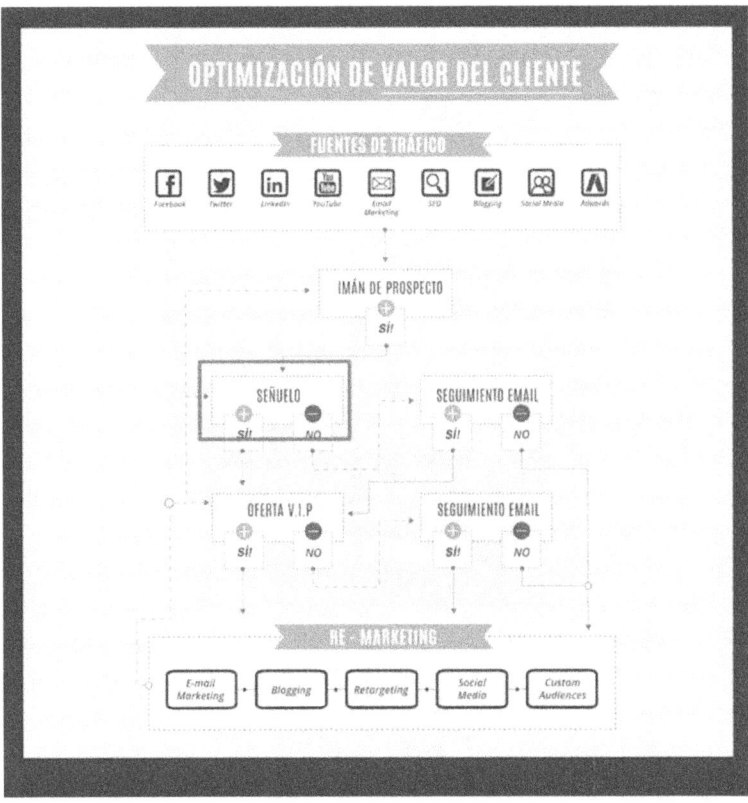

En este punto muchas empresas pueden ofrecer un "señuelo". Cabe aclarar que esto no es para todo negocio, solo para los que puedan ofrecerlo.

Sigamos con nuestro proceso de conquista. Ya está usted en su casa con el teléfono de la mujer que tanto le gustó y días después cuando quiere verla de nuevo la llama y le dice:

"Estaba pensando en ti y quisiera invitarte al cine. ¿Qué te parece?"

La mujer acepta encantada de ver una película a su lado. Y en este punto la relación ya empieza a avanzar mucho, ya la confianza y la seguridad que la mujer tiene en usted aumenta, ya son amigos.

En el marketing, un "señuelo" es simplemente una oferta de pequeño valor, es decir, de un precio bajo (no de su producto estrella) sino de un producto básico, para que los prospectos que están listos para comprar de inmediato se vuelvan clientes y le den dinero a usted.

Por ejemplo, nosotros ofrecemos un señuelo a muchos de nuestros nuevos prospectos. Se trata de la "Guía para atraer una avalancha de clientes a tu negocio en 21 días o menos", la cual ofrecemos por tan solo $9 dólares.

A través de esta guía la intención es convertir a la mayor cantidad de prospectos en clientes.

Nosotros no estamos haciendo nada de dinero (ganancia) con $9 dólares de este "señuelo"; lo que estamos haciendo es avanzar en esa construcción de la relación con nuestro prospecto.

En este punto las personas (prospectos) pueden aceptar o declinar su oferta, y si dicen "no la quiero" entonces es cuando usted a través del seguimiento sigue insistiendo un par de veces para tratar de convertirlos en clientes.

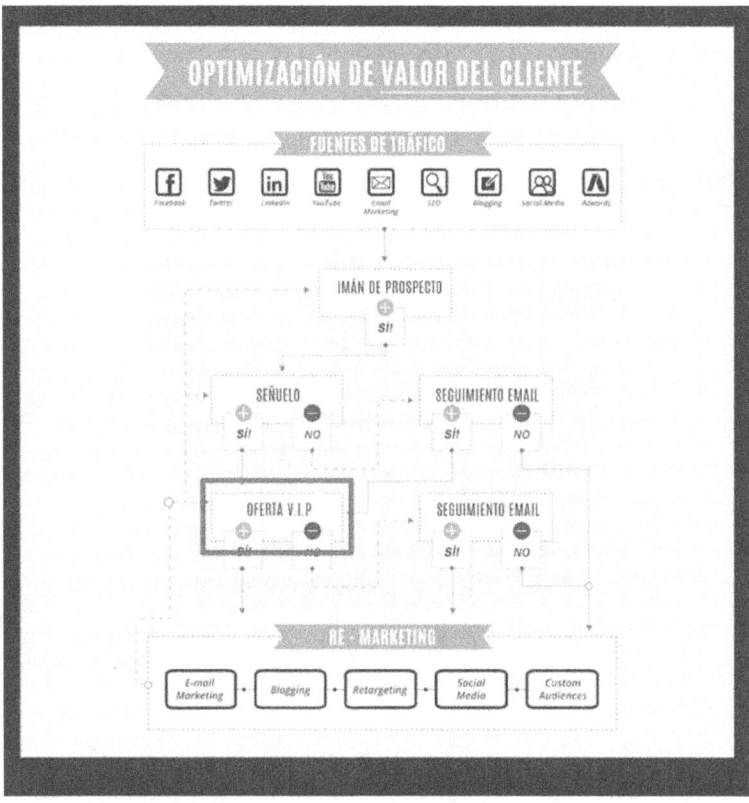

Ahora, supongamos que un par de veces luego de salir con esta mujer usted quiere avanzar en la relación con ella, así que decide que el siguiente paso es proponerle noviazgo.

Luego de estas citas, de la confianza construida, de que ya se conocen, cuando usted le proponga noviazgo a esta mujer lo más probable es que acepte.

Pasa igual en este modelo. Luego de unos emails de seguimiento (que ya vamos a ver más adelante), su prospecto gana confianza en usted y en su marca. Tal vez adquirió su señuelo, así que está listo para convertirse en uno de sus clientes.

Esto es lo que nosotros llamamos "Oferta VIP". Ya es el momento de ofrecer nuestro producto estrella, cuando ya un prospecto saca su billetera, su tarjeta de crédito o su dinero en efectivo y se lo entrega exclusivamente a usted.

Ya hay un sentimiento, conexión y confianza, así que en ese momento le puedo decir a ella, "oye, ¿quieres ser mi novia?". Entonces si ella dice que sí, genial, ahí fue cuando ella hizo la compra.

Y también existe la posibilidad de que la mujer y su prospecto digan que no, y ¿ahora qué pasa?

Volvamos un poco unos días atrás, al día en que nos conocimos en la biblioteca y me dejó sus datos de contacto. Cuando la llamo a invitarla a un café y le digo: "¿oye quieres un café?", ella me responde "no, no quiero tomar un café porque estoy ocupada o porque no quiero" o cualquier cosa.

Entonces le digo "ok, no hay problema".

Si su prospecto dice que no en cualquiera de las etapas anteriores, existe un proceso llamado "seguimiento por email" el cual consiste en construir más confianza y una mejor relación para prepararlo para que esté listo para comprar.

Dos días después, llamo de nuevo a esta mujer y le digo "oye, es que realmente he conectado contigo, te he estado pensando, y quiero que nos demos la oportunidad de conocernos más y te quiero invitar a un café. Ahora ¿qué te parece si tomamos un café otro día o cuando te queda bien?"

Que la chica haya dicho que no, no significa que no hayamos avanzado en la relación. Quizás no está lista, necesita más tiempo, necesita más confianza, etc.

Cuando yo hago ese seguimiento por email, ya volviendo al mundo de los negocios, es como cuando usted no compró ese señuelo inicial; entonces usted va a recibir un seguimiento por email como prospecto. Y es el mismo seguimiento por email que usted debe enviar a todos sus prospectos.

Este seguimiento es muy importante, pues es un proceso que simplemente le recuerda a la persona cuál es el siguiente paso que debe tomar con usted para que esa relación se construya. En este punto se convertirá un prospecto en un cliente.

Y ya finalmente usted puede hacer re-marketing, la última de las etapas. Se trata de una de las tecnologías más avanzadas que existen en el mundo del Marketing Digital.

El re-marketing no es nada más que, por ejemplo, en el caso de la conquista: si esa chica fuera a su misma universidad y por alguna razón mi nombre saliera en una conversación con una amiga, y en la conversación surja algo del estilo de:

"Estuve hablando con este chico que conocí en la biblioteca que se llama Julián" y la amiga dice "¡Ay! ¿En serio? Julián, yo conozco a Julián, de hecho Julián es una gran persona, es honesto, etc."

El re-marketing le da a usted y a su marca la oportunidad de estar presente en otros sitios para que esa persona sepa acerca de usted. Más adelante explicaré cómo funciona, cómo usted puede construirlo y cómo esa persona incluso sin estar en su sitio web, sin estar en algo que tenga que ver con usted, por ejemplo hablando con sus amigos en Facebook, le va a estar viendo, y eso hace naturalmente que usted posicione su marca y tenga mayor visibilidad.

ATERRIZANDO Y RECORRIENDO EL MAPA DEL TESORO

Ahora ya que tiene un mayor entendimiento del mapa del tesoro y estamos varios cientos de metros por encima de él, permítame que aterricemos el helicóptero, nos bajemos e iniciemos la aventura por cada uno de los ítems que describimos anteriormente.

PASO #1 – DEFINIENDO EL PERFIL IDEAL

El primer paso es una investigación del mercado. Definir a la pareja perfecta.

En ese punto, usted simplemente lo que debe hacer es definir exactamente cuál es su audiencia ideal, su público ideal, cuál es ese grupo o segmento del mercado al que más efectivamente usted puede ayudar a través de su producto/servicio. Esto es lo que nosotros llamamos: **Avatar de prospecto.**

Y a esto se refiere el marketing tradicional de otra forma. Hace una investigación de mercado donde encuesta a las personas y les dice: "oye, si tu compraras este producto, ¿cuánto pagarías? ¿Te gusta esta marca? ¿Te gusta este sabor?" etc.

Pero esto en realidad no funciona por diferentes razones, las cuales en este momento no es de mi interés profundizar.

Un Avatar de Prospecto se construye respondiendo las siguientes preguntas: ¿Cuáles son las características que usted define en esa audiencia, demográficas, psicográficas y psiquegráficas?

Cuando responda con detalle a esta pregunta, usted va a tener finalmente una descripción precisa de cuál es la audiencia que más se va ajustar a sus necesidades y cuál es la que usted debe buscar en Internet para que puedan comprar sus productos y servicios.

Usted tiene que definir a ese público en tres niveles:
Primero, a nivel de demografía. Voy a guiarlo por un ejemplo para que me entienda perfectamente:

Demografía es simplemente que usted defina exactamente cuáles son las características de esa persona en términos de:

Género

Es hombre o mujer hombre

En dónde viven (Ubicación geográfica)

Origen, raza, cultura

Religión

Nivel educativo

Profesión

Nivel de ingresos o socioeconómico

El segundo nivel, es definir cuáles son las características psicográficas, es decir:

¿Qué tipo de personalidad tienen?: extrovertidos o introvertidos. Sentimentales o lógicos

Intereses personales

Gustos

Estilo de vida

Usted se va a dar cuenta dependiendo de su público objetivo, del producto que usted tenga. Y va a definir a un público objetivo muy diferente al de otra empresa que venda lo mismo que usted. Entonces, sólo para darle un ejemplo diferente esta vez, digamos que lo que usted vende son viajes, digamos que es dueño de una agencia de viajes y ofrece destinos turísticos diferentes partes del mundo.

Lo que usted puede hacer primero es definir cuál es su audiencia ideal.

Por ejemplo: "Le ofrezco viajes de lujo a diferentes países y tours a ejecutivos"

Características demográficas del avatar:

Ejecutivos que tengan entre 45 y 60 años, que generen entre 1 y 5 millones de dólares al año en ingresos y que además, vivan en Estados Unidos.

Ahora en términos de psicografía usted puede decir: "bueno, a esas personas les gusta descansar bien, les gustan las cosas Premium, les gusta pagar por lo mejor, les gusta el estilo de vida lujoso, también le interesa el bienestar de su familia, son sociables y necesitan descanso porque quieren liberarse del estrés de su trabajo y además se lo quieren dar a sus familias, etc."

Ya pasando a las características psiquegráficas: son características que tienen que ver con un nivel más profundo de las personas, no sólo con su personalidad sino con su situación específica actual y son características de su "psique".

Una característica psiquegráfica es, por ejemplo, una respuesta a una pregunta del estilo "¿Qué le preocupa a ese ejecutivo?"

En este caso le preocupa no pasar tanto tiempo con su familia y estár mucho tiempo trabajando, por lo cual siente que la relación con su familia no está siendo fuerte y cada vez se debilita más y más. Siente que sus hijos están creciendo sin él (presente ahí como padre), siente que su esposa está siendo abandonada por él, le da miedo que la esposa le deje por otra persona porque él no está en la casa, sino en la empresa todo el tiempo.

Este es uno de los niveles más profundos, pues es la situación específica del prospecto, es algo que está viviendo el prospecto ahora en este instante.

Imagine ahora cómo ese mensaje de marketing será diferente versus al tradicional mensaje que sería: "Pase las mejores vacaciones de su vida en las pirámides de Egipto". Ahora ya con su Avatar de Prospecto definido usted puede decir:

"Exclusivo Para Altos Ejecutivos Estresados Y Llenos De Trabajo: Reviva La Relación Con Su Familia, Con Su Esposa Y Con Sus Hijos, Asegurándose De Crear Una Relación Armoniosa A Través De Una De Las Mejores Experiencias De Lujo Que Usted Pueda Vivir En Las Pirámides De Egipto"

Los mensajes de marketing son absolutamente diferentes, y cuando usted tenga esa especificidad en el Avatar de Prospecto que define, se va a dar cuenta de que todo su marketing va a cambiar, porque usted ya puede persuadir de una mejor forma a su prospecto. Así como usted se da cuenta de que el segundo mensaje es mucho más atractivo del primero.

Entonces, ¿cómo puede empezar a definir cuál es su Avatar de Prospecto? La parte inicial es sencilla: cuántos años tiene, en qué trabajan, ingresos, etc. Es sencillo. La psicografía es un poco más compleja de definir, acá es donde define la personalidad de su cliente ideal, sus intereses, gustos y estilo de vida.

Finalmente la psiquegrafía es uno de los aspectos más difíciles y más complicados que pueda definir en términos del Avatar de Prospecto; usted puede decir "¿Y dónde puedo encontrar esta información?" Puede encontrarlo en foros, en Yahoo respuestas, o en diferentes blogs, simplemente ponga la categoría de la persona. En este caso usted pone en Google, siguiendo con el caso del ejecutivo, "problemas de los ejecutivos actuales". Allí le van a aparecer artículos donde aprenderá un poco más sobre eso.

Una de las herramientas más efectivas es hacer encuestas a su público ideal, las cuales puede hacer a través del servicio gratuito Google Drive. Es un servicio gratis de Google que le puede permitir a usted establecer encuestas para que su público ideal le diga qué es exactamente lo que quiere y cuál es su situación actual.

Le quiero regalar las dos preguntas específicas que usted necesariamente le tiene que hacer a sus prospectos ideales para saber exactamente qué es lo que ellos buscan y cómo usted puede ayudarlos de la mejor forma.

Lo primero que usted le puede preguntar es:

Si usted tuviera una varita mágica entre las manos y pudiera manifestar cualquier resultado en [Insertar campo en el que su producto/servicio se encuentra] ¿qué resultados tendría?

Ejemplo: una empresa que preste un servicio de consultoría que ayuda a instalar plantas de agua en empresas puede preguntar:

"Si tuviera una varita mágica, señor empresario, y pudiera manifestar cualquier resultado al implementar un sistema de aguas en su empresa para lograr mejor producción ¿qué resultados usted tendría?"

Esta pregunta lo que hace es que su prospecto le diga específicamente qué es lo que está buscando.

La segunda pregunta apunta a otro lado, y es:

¿Cuál es el obstáculo más grande para conseguir eso que usted está buscando?

Si yo le pregunto al ejecutivo: "Ejecutivo, si usted tuviera una varita mágica en sus manos y pudiera manifestar cualquier resultado en su vida personal ¿qué resultado tendría?"

Seguramente él diría:

"Quiero una mejor relación con mi familia". Ahora, "¿cuál es el obstáculo más grande para conseguir el resultado deseado por usted?" Y él dice: "El obstáculo más grande es que no tengo el tiempo suficiente, estoy en mi oficina todos los días, llego temprano al trabajo, madrugo, llego tarde en la noche a mi casa, mis hijos están durmiendo, mi esposa está cansada y también durmiendo, entonces no tengo tiempo para compartir con ellos".

Y entonces ¡voilà!, encontré qué es lo que quiere y cuál es el obstáculo de mi público ideal.

De hecho, esta es una encuesta que nosotros realizamos a todos nuestros prospectos para poder ayudarles mejor. Le hacemos una serie de preguntas a través de la cuales queremos conocerlos cada vez más y mejor.

Encuesta.

Ayudanos a Ayudarte

Esta pequeña encuesta es para darnos algunas ideas acerca de cómo podemos ayudarte a manifestar mejores resultados en tu negocio.

Luego de responderla recibirás un regalo por parte nuestra como forma de agradecimiento.

*Obligatorio

Nombre: *

Email: *

Actualmente *

○ Tengo un negocio propio

○ Estoy iniciado un negocio propio

○ Tengo un empleo pero quiero iniciar mi negocio propio pronto

○ Soy Consultor / Coach

Eso nos ayuda a conocer un poco más a nuestro Avatar de Prospecto y a ofrecerle mejor servicio mediante la personalización de nuestro marketing, para alinearlo con sus deseos, intereses, frustraciones y obstáculos. Eso es específicamente lo mismo que usted necesita hacer con su público para que tenga mejores resultados.

Ese es el primer paso, ese primer paso donde usted define a la mujer con todas sus características: una mujer que sea inteligente, divertida, juiciosa, que no le guste el trago, que gane buen dinero, que sea de buena familia, por dar un ejemplo.

PASO #2. EL LUGAR PARA CONOCER A LA MUJER DE SUS SUEÑOS

Después naturalmente lo que hace es conocer a nuevas mujeres; va a atraer nuevos prospectos. Por eso usted tiene que ir a sitios donde estén esas mujeres para empezar a conocerlas. Así hará también con los prospectos: una vez que usted los tiene definidos va y busca en los lugares donde ya está ese prospecto.

Siguiendo con el ejemplo: si la mujer que usted definió tiene las características antes mencionadas, lo más probable es que en una fiesta no la encuentre. Si va a un bar probablemente no encuentre ese tipo de mujer, pero si va a una biblioteca, a un seminario acerca de temas específicos, si asiste a una clase de yoga, lo más seguro es que la encuentre.

El equivalente en Internet es lo siguiente: usted puede tener tráfico orgánico a través de SEO. ¿Qué es tráfico orgánico? Es el tráfico de personas que están voluntariamente buscando una solución a sus problemas (búsqueda activa) utilizando la red de buscadores como Google, YouTube, Yahoo!, Bing etc.

Y en caso de que su industria, mercado o tipo de producto/servicio se encuentre en esa categoría, en este momento (mientras usted lee este libro), hay prospectos que están buscando información acerca de cómo solucionar sus problemas, de cómo conseguir sus resultados; y esa solución usted la tiene en sus manos.

Esas personas que buscan esa solución y que son sus prospectos ideales deberían encontrarlo a usted allí, a su página web y a lo que vamos a ver a continuación.

La siguiente forma de tráfico es PPC (Pago Por Clic) que se puede atraer a través de diferentes medios como: Facebook, Google Adwords, LinkedIn, Twitter etc.

Si usted definió su Avatar de Prospecto, ya puede llegar a decir: "Bien, mi público está en Facebook, LinkedIn, Twitter, etc."

En este tipo de tráfico usted solo pagará por las personas que hagan clic en su anuncio, no sólo por las personas que lo vean.

Usted define específicamente dónde está su público ideal y se asegura de estar presente allí, al igual que si usted sabe que va a encontrar esa mujer que está buscando en una biblioteca. Usted va a la biblioteca y está con los ojos abiertos pendiente, y está buscando la oportunidad perfecta para acercarse a la mujer y decirle: "Oye, mira, X cosa, vi que estabas leyendo un libro de cualquier cosa, mira que a mí también me interesa, ¿has leído este, o has visto a este autor…?"

Entonces así es como usted hace el segundo paso. Usted encuentra ese lugar y se pone en ese lugar.

Una de las ventajas de encontrar el público ideal a través de Internet, es que usted puede segmentarlo muchísimo; usted le puede decir específicamente a la plataforma de publicidad qué tipo de usuario usted quiere, o si quiere que sus anuncios sean mostrados a "sólo hombres que estén entre los 45 a los 60 años, que vivan en Estados Unidos, que sean ejecutivos, que ganen entre 1 y 5 millones de dólares al año y que le interese la familia", y la plataforma se encarga de mostrar el anuncio a esas personas exclusivamente. Entonces de esa manera no tendrá público desperdiciado.

PASO#3. LA MIEL PARA LAS ABEJAS

Ahora, el siguiente paso es en el proceso de conquista: "¿Quieres conocerme?"

Y para efectos de marketing digital se trata de la generación de una poderosa base de prospectos.

El paso número 3 es cuando usted convierte a un desconocido en un prospecto, cuando convierte a la mujer que no conoce en la mujer que le da su número de teléfono.

Este paso es VITAL. Es uno de los principales elementos que cubrimos en los mitos de Internet donde vimos cómo es un error dejar ir a la persona que visita su sitio web sin que registre sus datos de contacto a cambio de un "Imán de Prospecto".

Si usted está en la biblioteca y ve una mujer que le interesa, entonces le dice: "Hola, noté que estás leyendo un libro acerca de X, yo tengo uno en mi casa que se llama X, y seguramente te podría ayudar muchísimo, te lo puedo prestar, ¿te gustaría que te lo prestara?". Entonces la chica dice: "Sí, me encantaría leerlo". Y usted dice: "Perfecto entonces dame tu número de teléfono y yo te llamo dentro de dos días para vernos y que yo te entregue el libro". Y la chica dice: "Perfecto, anota mi número…"

Eso es lo mismo que sucede cuando usted está haciendo el proceso de prospección. Ya definido cuál es su Avatar de Prospecto y ya conociendo en Internet dónde están, ahora simplemente es cuestión de diseñar una forma que permita capturar la información de contacto de ese prospecto. Todo eso lo logramos a través de un Imán de Prospecto.

¿Qué es un Imán de Prospecto?

Es un "pedazo" de valor que usted le da a su prospecto a cambio de sus datos de contacto. Entonces, en el caso del ejemplo que estábamos hablando, usted le dijo a la mujer que le iba a dar ese libro, que se lo iba a prestar. Es algo que es de interés para ella, no le está vendiendo nada, y se lo está dando a cambio de sus datos de contacto.

Usted tiene que tener en cuenta que el imán de prospecto lo va a dar gratis, así que lo mejor que puede regalar es información, porque la información no le cuesta nada entregarla. Por ejemplo, si usted tiene un video, un reporte en PDF, un audio o cualquier elemento que sea virtual, usted no tiene que pagar más que por el costo de la producción de ese primer elemento, que normalmente lo puede hacer usted mismo: puede escribir un reporte de cinco páginas y eso es lo que le puede entregar a su público perfecto.

Y ese contenido, independientemente de que sea descargado una vez, mil veces, o cincuenta millones de veces, no le va a costar a usted absolutamente nada adicional.

El imán de prospecto es como la miel que atrae a las abejas, es algo que es valioso para su audiencia, que se podrá descargar gratis al dejar voluntariamente su información de contacto. Y esto es importante por dos razones fundamentales:

Primero, como comentamos anteriormente, usted necesita que esa persona le haya dado permiso para poder enviarle emails, para que le pueda estar haciendo seguimiento a través del Email-Marketing, de la misma manera como necesita permiso de la mujer para que usted la llame. Y en el momento en que esa mujer le está dando el teléfono voluntariamente, está indicando y aprobando el hecho de recibir llamadas suyas, porque de otra forma no le daría su número de contacto.

Sucede lo mismo en Internet y tenga en cuenta algo: que a pesar de que este Imán de Prospecto sea gratuito, usted está realmente vendiendo ese regalo y el precio es la información de contacto de su prospecto, algo valioso para usted y su compañía. Así que en realidad no es gratis, es gratis en el sentido de que la persona no tiene que pagar por ello, pero en realidad no es gratis porque la persona está pagando con sus datos de contacto (lo cual va a representar dinero para usted en el futuro). Haga de cuenta que esta información de contacto de cada prospecto equivale a 10 dólares, porque cuando usted tenga esa información de contactos usted está atrayendo a un prospecto cualificado al cual puede hacerle seguimiento y puede convertirlo en su cliente.

Este prospecto está interesado en este tema. Siguiendo con el ejemplo anterior del ejecutivo, le digo a él en Internet:

"Reporte Gratis Revela: Las 10 formas más rápidas y sencillas para que pueda mejorar la relación con sus hijos, independientemente de lo mucho que trabaje en su oficina"

Si bien está bueno el "Imán de prospecto" podemos mejorarlo un poco:

"Para Altos Ejecutivos Mexicanos Que Quieren Mejorar La Relación Con Su Familia: Descargue Gratis Este Video En El Cual Le Revelaré Los Secretos Acerca De Cómo Puede Lograrlo En Tiempo Récord"

En el momento en el que el ejecutivo está en esta página, usted le dice "Mire, para que usted pueda recibir eso simplemente debe ingresar su email acá en este momento" entonces el ejecutivo introduce su email y estamos adquiriendo una base de prospectos cualificados porque sabemos que están interesados en ese tema específico.

Veamos algunos ejemplos:

Este es uno de los productos que he lanzado en otro mercado, el mercado del desarrollo personal-espiritual, que se llama el Salto Cuántico. Yo estoy regalando ese reporte a cambio del email del prospecto, y si se da cuenta, estoy hablándole a un público muy especial. El reporte gratis revela:

"Cómo Lograr La Abundancia Y Prosperidad En Tu Vida:

- Cómo Aprender A Descubrir Tus Creencias Limitantes Y Una Forma Sencilla De Superarlas
- Cómo Reprogramar Tu Mente Para La Prosperidad Y La Abundancia
- Cómo Desarrollar Tu Máximo Potencial Como Persona Para Lograr Lo Que Quieres En Tu Vida

Esta es la página a la que la persona va. Yo ya identifiqué a mi público, puse mi anuncio en Facebook. La persona cuando hace clic en Facebook llega a esa página, y entonces la persona hace clic en el botón grande que dice "Sí, envíame el reporte ahora" y cuando hace clic le aparece esta ventana.

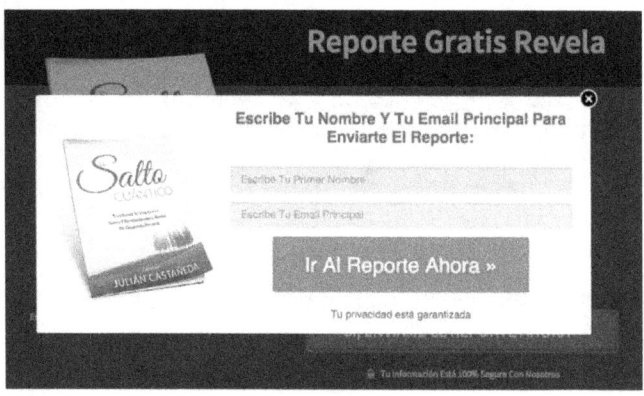

En este formulario, la persona escribe su nombre y su email y luego hace clic en el botón para poder recibir el reporte gratis.

En el momento en que la persona hace clic pasan dos cosas:

1. En su email recibe el reporte gratis de forma automática
2. En mi base de datos de prospectos se crea automáticamente un nuevo contacto, un nuevo prospecto

Este es otro ejemplo de uno de nuestros clientes:

Este es un imán de prospecto para el público ideal de nuestro cliente: personas mayores a 45 años que sufren de fuertes dolores físicos.

Ahora vamos a otro ejemplo, éste es un libro que nosotros estuvimos regalando durante mucho tiempo para atraer nuevos prospectos. Es uno de nuestros libros Best Seller.

En todos los casos se está regalando algo valioso para el público ideal, de su interés, a cambio de sus datos de contacto.

Este es un ejemplo de un seminario virtual gratis que hicimos recientemente:

Como puede notar, le estamos hablando a un público muy específico y le estamos haciendo una oferta irresistible que, a pesar de que sea gratis, tenemos que vender.

Por eso nosotros estamos fuertemente diciéndole cuáles son los beneficios que va adquirir la persona, el empresario en este caso, cuando escriba su email y cuando se inscriba en este seminario taller.

Y es lo mismo que usted necesita construir en su negocio.

En estos ejemplos le estoy mostrando cuál es la página que el visitante (desconocido) está viendo para descargar el imán de prospecto (y convertirse en un prospecto de su negocio), pero no le estoy mostrando el imán de prospecto como tal (lo que reciben) porque ese imán de prospecto es lo que la persona recibe después de que ingresa sus datos.

Si yo me registro en este seminario gratis, entonces llegará a mi email la información de acceso al seminario y después yo voy a poder acceder al seminario, donde estaré consumiendo el imán de prospecto.

Algo que es importante resaltar en este punto es que al hacer esto usted está empezando a construir una relación de confianza, de seguridad con su prospecto... además de que empezará con el "pie derecho" a posicionar su marca en la mente de su audiencia.

Sigamos con el ejemplo de la conquista. El imán de prospecto en ese ejemplo era el libro que usted le estaba ofreciendo al decirle: "Oye, yo tengo un libro que te va a encantar, que te va a gustar muchísimo, dame tu teléfono...".

Ahora, cuando se reúna con esa mujer de nuevo y le entregue el libro, la mujer ya tiene una confianza mucho mayor y será mucho más fácil construir la relación para que surja un noviazgo o incluso un matrimonio.

Esto que acabamos de ver es muy diferente al escenario que todos los empresarios normalmente hacen, que es poner en esta página un mensaje de ventas, lo cual equivale a, en lugar de conseguir el teléfono, lo que hacen es pedir matrimonio.

Esta es la razón por la cual muchos prospectos se espantan y terminan comprando absolutamente nada. Es como si usted saliera sin discriminación y a cualquier mujer que encontrara en la biblioteca, o en la clase de yoga, le dijera: "Oye ¿quieres casarte conmigo?".

Al hacerlo de la forma como le estoy revelando en este libro, usted empieza a construir una relación de confianza, la persona (prospecto) está viendo su marca y está recibiendo algo gratis de usted y eso ayuda mucho en esa construcción. Las personas NUNCA han tenido una experiencia como ésta con ninguna marca ni empresa.

Veamos otro ejemplo.

Este es otro de nuestros clientes que vende servicios legales en términos de ayudar a las mujeres en su proceso de divorcio.

Fíjese lo que dice el titular.

En este ejemplo estamos aplicando todos los principios que comentamos anteriormente. Tenemos un público objetivo muy definido: mujeres a punto de divorciarse. Y fíjese que conocemos exactamente qué es lo que esta mujer está necesitando (características psiquegráficas) ya que definimos el avatar de prospecto. En este caso se evidencia en la parte de abajo donde dice:

"Cómo tú puedes ahorrarte millones de pesos"

La cual es una preocupación de las personas que se están divorciando. Y también: "Cómo puede superar de la forma más amena uno de los momentos mas catastróficos de su vida". Las personas que se están divorciando quieren que su divorcio sea lo más ameno posible, lo menos conflictivo, con la menor cantidad de problemas posible; especialmente si hay hijos en el medio, quieren que no sea traumático para sus hijos, etc.

Este imán de prospecto realmente le está hablando a las personas que están teniendo esa necesidad y lo logramos ofreciendo algo que es muy valioso para ese avatar.

Ahora vamos a ver cómo diseñar un imán de prospecto para su negocio. Lo primero que usted tiene que hacer es encontrar la principal pregunta que su público objetivo tiene en su cabeza en relación con el resultado, y que su producto/servicio le ayudará a alcanzar. Si analizamos el siguiente imán:

La principal pregunta de un empresario es: "¿Cómo hago para aumentar las ventas de mi negocio?". Y como se da cuenta en este imán de prospecto estamos atacando esta misma pregunta, y la damos como solución.

Significa que su imán de prospecto debe ser la respuesta a la pregunta que su público tiene dentro de su mente en este momento.

Otro ejemplo, en el caso de la mujer que está en proceso de divorcio, su mayor pregunta es: "¿Cómo hago para divorciarme sin que me cueste tanto dinero y que sea lo menos doloroso posible?".

La respuesta que se ofrece está dentro de ese imán de prospecto, entonces la gente va querer adquirirlo, va querer dejar su información para conocer la respuesta a esa gran pregunta que tiene en su vida.

El siguiente factor clave para construir un excelente imán de prospecto es el hacer una o varias promesas. Eso es muy importante porque las personas normalmente responden mejor a una promesa clara y específica.

Si usted, por ejemplo, está tratando de vender algo que tenga que ver con la pérdida de peso, es mucho más poderoso que usted le diga a la persona: "Con este método usted va a poder bajar 5 kilos en una semana sin hacer ejercicio y sin dietas" versus a que usted le diga "Baje de peso con este reporte".

Baje de peso con un reporte es una promesa, pero no es tan poderosa y tan específica como el que la persona pueda bajar 5 kilos en una semana sin hacer ejercicio y sin dietas.

Este es uno de los mejores consejos que le puedo dar, haga promesas atrevidas y específicas de lo que las personas pueden lograr a través de la información contenida en su imán de prospecto.

Otro factor muy importante y que es muy recomendable que usted tenga en cuenta es hacer que el imán de prospecto sea de rápido consumo, es decir, que ese reporte, video, audios o lo que sea que usted esté regalando, la persona que lo adquiere lo pueda consumir de forma rápida, que le dé a la persona la respuesta a la pregunta que tiene de la forma más rápida, y le dé el beneficio que usted prometió lo antes posible.

Si es un reporte en pdf, que lo pueda consumir en cuestión de minutos; si es un video, que lo pueda ver en cuestión de pocos minutos, de igual forma si es un audio.

Y para ilustrar este punto déjeme contarle una historia de uno de mis mentores; uno de mis mentores que empezó hace más de 20 años en el mundo de la seducción por Internet.

Él le enseñaba a los hombres cómo podían conquistar mujeres, cómo encontrar su pareja ideal. Así que lo que él decidió dar como imán de prospecto es "Técnica de un minuto te va a revelar cómo descubrir si la chica con la que estás saliendo está lista para ser besada o no".

Yo le hago una pregunta: si usted es una persona que está soltera interesada en conocer chicas y en conseguir una pareja, ¿eso es algo atractivo para usted? Naturalmente que sí. Eso responde a una de las principales preguntas: ¿Cómo sé si yo le gusto a ella o no?

Y una de las mejores formas de saber si yo le gusto a ella o no es si se deja besar. Si nos damos un beso significa que estamos avanzando en esta relación que yo quiero formar con ella.

Ese imán de prospecto, de hecho es una técnica que se revela en tan sólo una hoja, es una técnica muy sencilla y es de rápido consumo.

La idea acá es que la persona consuma su imán de prospecto y quede, de cierta forma, incompleta para la siguiente etapa del proceso.

Digamos que yo soy soltero y descargo este reporte. Quiero saber cómo saber si esta chica está lista para ser besada o no; descargo el reporte, le doy a esta persona mis datos de contacto, ese reporte llega a mi email, yo lo leo y él me dice: "Mira, los pasos para saber si una chica está lista para ser besada o no son estos: paso 1, paso 2, paso 3…"

Termino el reporte de una hoja y al final dice, "pero besar a una chica sólo es uno de los principales elementos para construir una relación poderosa con una mujer. Ahora si tú quieres conocer cuáles son los otros dos elementos y cómo tenerlos al máximo en tu vida personal para que puedas atraer y conquistar a esa chica de tus sueños, entonces haz clic acá para más información".

El imán de prospecto es algo que me da una solución pero que me deja incompleto, porque usted no le puede dar la solución total (que es su producto).

En ese momento, la persona descarga su imán de prospecto, lo consume, dice "esta información está buenísima pero me hace falta la otra parte de rompecabezas". Veamos otro ejemplo.

¿Recuerda al ejecutivo de Estados Unidos que quiere mejorar la relación con su familia? En el imán de prospecto le vamos a revelar una técnica con la que puede compartir más tiempo con su familia y luego de que la persona lea el reporte le podemos escribir algo como lo siguiente:

"Pero fíjese que esa técnica solo le va a servir durante unos pocos días. Si usted quiere tener una relación realmente profunda con su familia, tiene que salir de su ambiente normal e irse de vacaciones con ellos y tener un espacio agradable para que se puedan realizar las siguientes actividades:

- Actividad 1
- Actividad 2
- Actividad 3

Si usted quiere conocer nuestro plan acerca de cómo le podemos ayudar en estas vacaciones perfectas entonces haga clic aquí"

La persona accede, ve el plan y probablemente lo compre. Y usando esta estrategia, el imán de prospecto es la vía inicial para una "prueba" de su producto/servicio y de la calidad que usted ofrece, incluso si sólo es información o si sólo son consejos, las personas pueden decir: "Esta gente sabe y yo quiero contar con ellos, quiero comprarle a ellos".

Así es como usted se posiciona en la mente de sus prospectos porque su competencia no está haciendo esto y le aseguro que no lo va a hacer, por lo menos en un largo tiempo, porque esto es supremamente innovador y nuevo. Usted es una de las primeras personas en América Latina en encontrar esta estrategia, así que será un gran factor diferenciador en el momento en que la aplique.

Ahora, si usted se está preguntando: "Bueno, es que yo no sé qué regalar gratis ¿Qué hago?".

Acá le dejo la idea perfecta que le permitirá crear un perfecto y efectivo imán de prospecto en cuestión de minutos: es enseñar los pasos, tips, o consejos para comprar su categoría de producto/servicio, no su producto o servicio, sino la categoría del mismo.

Supongamos que usted vende relojes, entonces usted en vez de decir "mira, este es el mejor reloj porque tiene XYZ", usted puede regalar un imán de prospecto que diga:

"Reporte gratis revela los 5 aspectos fundamentales que debe buscar en un reloj deportivo"

La gente que está buscando un reloj deportivo dice: "Eso me interesa, quiero saber cuáles son esos 5 aspectos. Usted le envía el reporte, el cual es un reporte muy sencillo que dice: "mira, los elementos que debes buscar en el reloj son 1, 2, 3, 4, 5… ahora si tú quieres un reloj que te dé 1, 2, 3, 4, 5 haz clic acá" y allí usted ofrece su reloj.

Volvamos al ejemplo de ejecutivo.

Al ejecutivo en el imán de prospecto le estamos prometiendo cómo puede mejorar su relación de familia, no le estamos hablando de lo que nosotros tenemos: los mejores viajes de lujo del mundo. Tiene que hablarle de lo que él o ella quiere, no de lo que usted tiene para ofrecerle. Eso es increíblemente importante.

Bautizándolo con un nombre sagrado

El nombre del imán de prospecto es sumamente importante. Puede decir, por ejemplo, opción A: "Guía: el método Claire"; o la opción B: "Descubra El secreto-método que las estrellas de Hollywood usan para bajar esos kilos de más y estar en forma en tan sólo 3 semanas".

Si quiero adelgazar, el imán B me resultará más atractivo, va a hacer que me registre para descubrir el secreto de las estrellas de Hollywood.

Por eso el nombre que usted le ponga a su imán de prospecto es fundamental, y en este sentido, deberán utilizarse nombres que incluyan lo que vimos anteriormente: especificidad y promesas. Las dos características que mejores resultados dan.

La mayoría de empresarios con los que hablo me dicen acerca del imán de prospecto: "Pero si esto es gratis y es muy valioso, debería la gente simplemente registrarse por él".

El que usted tenga algo genial, no significa que la gente lo sepa o lo vea; usted debe venderlo. Recuerde que el imán, a pesar de ser gratuito, necesita "venderlo", necesita adornarlo para que la gente lo desee y lo pida.

Si usted se acercara a alguien desconocido en la calle, le mostrara un billete de 50 dólares y le preguntara: "¿Quiere este billete de 50 dólares?", todos creeríamos que el 100% de las personas dirían que sí, que lo querrían de inmediato. Pero se va a encontrar que si lo hace, (yo hice un experimento similar) la gente le mirará raro, desconfiará de usted y se irá. "Pero si es dinero gratis, ¿qué les pasa a estas personas?"

Esto se debe a la gente es muy desconfiada, sobre todo en el tema de Internet. Por eso es muy importante que nosotros desde el principio nos ganemos la confianza de nuestros prospectos con un buen marketing.

Otro de los conceptos que aprendí de mi mentor, John Carlton, uno de los mejores copywriters y estrategas de marketing del mundo entero, es que su pieza de marketing tiene que ser lo mejor que le ha pasado en el día a su prospecto.

Esa es la forma en la que usted se va diferenciar de la competencia. Tenga presente lo siguiente: su prospecto, así como usted, está siendo bombardeado todos los días, cada hora con mensajes de publicidad absolutamente de todas partes, desde radio, televisión, las vallas publicitarias, en su oficina, navegando en Internet. Todo el tiempo está siendo bombardeado con cientos de mensajes publicitarios. Entonces si usted hace que su marketing sea el mejor evento del día de su prospecto, ya gana un terreno enorme.

¿Y eso cómo lo logra?

Lo logra hablando de lo que a él/ella le interesa, no de lo que usted tiene para ofrecerle. Usted ve todos los días mensajes de marketing del estilo:

"Nosotros tenemos el mejor carro, el mejor computador, el mejor lo que sea…", pero nadie está hablando de mí, de lo que a mí me interesa, de lo que yo quiero, de mis problemas, de mis sueños, de mis deseos y necesidades.

Y cuando usted empieza hablando de lo que a esa persona le interesa, en ese momento usted se diferencia automáticamente de su competencia y hace que el ver su anuncio y adquirir su imán de prospecto sea lo mejor que le ha pasado en ese día a su prospecto.

Esto hace que automáticamente el prospecto le asigne a usted y a su marca autoridad, que es uno de los factores fundamentales en la construcción de una relación poderosa entre su marca y sus prospectos.

¿Me das tu número de teléfono?

Volvamos a la conquista. En este punto ya estamos listos para pedirle el número de teléfono o el email a la mujer que, supongamos, se llama Sofía. Usted le dice: "Oye Sofía, ¿te importaría darme tu número telefónico en una servilleta o un papel?". Pero en Internet, ¿cómo capturo la información de mis prospectos?

Lo hace a través de lo que llamamos una página de captura, la cual es una página que captura la información de contacto de su prospecto y la archiva automáticamente en una base de datos que es de su propiedad y constituye uno de los activos más valiosos de su negocio.

Tenga en cuenta que haciendo esto estamos teniendo algo muy importante, el permiso voluntario de la persona para seguirla contactando a través del email marketing.

Si yo le digo: "Sofía, dame tu número telefónico" y ella me lo da, significa que ella está de acuerdo con que yo la llame.

Cuando usted le dice a una persona: "Te voy a regalar este imán de prospecto y para descargarlo debes registrar tu nombre y tu email", cuando la persona deja sus datos le están dando permiso a que usted se lo esté enviando y que le esté contactando, pues ya le está dando voluntariamente su email.

A diferencia de comprar una base de datos y enviarles emails de forma indiscriminada, en este punto sólo estamos enviando información a prospectos cualificados.

Le voy a mostrar exactamente cómo funciona este proceso en Internet y cómo usted lo puede implementar de inmediato en su negocio.

Esta es la página de captura de uno de mis programas que le mostré anteriormente, ¿la recuerda?

Ahora, cuando la persona hace clic en el botón, va a aparecer la siguiente caja:

La persona escribe su primer nombre y su email, y automáticamente esa información queda guardada en mi base de datos de prospectos para siempre.

Al email de la persona le llega el imán de prospecto que le prometí, y empezamos con el seguimiento de email marketing.

Más adelante le voy a compartir el sistema que utilizamos para hacer email marketing masivo.

Anatomía de una página de captura exitosa

Ahora vamos a ver cuáles son los elementos claves de una página de captura persuasiva. Esto tiene una ciencia y vamos a ver los diferentes elementos que necesita usted tener en cuenta para que esa página de captura convierta al máximo porcentaje.

¿Qué es el porcentaje de conversión?

Si a su página de captura acceden 100 personas y se registra una, entonces significa que la página de captura está convirtiendo al 1%.

Ahora, si usted hace unos cambios en el marketing, con todo lo que le voy a enseñar, puede subir el porcentaje de conversión; es decir, que de 100 personas que acceden, se registren 20. Ya está convirtiendo un 20%, y así sucesivamente.

Las páginas de captura tienen los siguientes elementos que son:

- Titular poderoso
- Bullet Points Persuasivos – Viñetas persuasivas
- Llamado a la acción claro y directo
- Congruencia desde las fuente
- Diseño profesional

Vamos a ver cada uno de ellos.

Titular poderoso:

El titular de su página de captura es lo primero que la persona va a leer y ese titular debe ser el responsable de capturar, en menos de 8 segundos, la atención del visitante y persuadirlo para que se quede por más tiempo en la página.

Es decir, tiene ocho segundos para llamar la atención de esa persona, y luego de los 8 segundos la persona decide si sigue en la página o si la cierra.

Los titulares poderosos generan curiosidad, son atrevidos y son llamativos. De hecho, déjeme darle algunos formatos:

"Cómo [Resultado deseado específico] En [# de días]"

Ejemplos:
- "Cómo Bajar 5 Kilos De Peso En Tan Solo 5 Días"
- "Cómo Aumentar Tu Productividad Laboral En Un 25% En Tan Sólo Una Semana"

"Los X Secretos De [Fuente de autoridad] Para [Resultado deseado]"

Ejemplos:

- "Los 5 Secretos Descubiertos Por Científicos Suizos Para Mejorar La Piel Y Lucir Más Joven"
- "Los 7 Secretos De Los Multibillonarios Para Organizar El Tiempo"

"Descubre Cómo [Resultado deseado] Sin [Lo que los prospectos no quieren]"

Ejemplos:

- "Descubre Cómo Bajar 5 Kilos Sin Dietas Ni Gimnasio"
- "Descubre Cómo Aumentar Las Ventas De Tu Negocio Sin Invertir Dinero Extra En Publicidad"
- "Descubre Cómo Dormir Como Un Bebe Sin Medicamentos Ni Pastillas"

Bullet Points persuasivos.

El siguiente elemento son los bullet Points o viñetas persuasivos(as). Un Bullet Point es algo que describe y especifica qué es lo que el prospecto va a recibir, descubrir o lograr con el imán de prospecto.

Entonces estos Bullet Points deben generar curiosidad e intriga, deben ser atractivos para su público ideal y deben hablar directamente a los deseos o a las frustraciones que el público tenga.

Le muestro unos ejemplos:

En este seminario Descubrirás:

✔ 3 simples técnicas que **dispararán tus ventas hacia "el cielo"** en cuestión de días (La primera **es mi favorita**)

✔ La sencilla técnica llamada C.T.P.P que hace que **tus clientes te busquen para comprarte** en vez de tú tener que salir a buscarlos.

✔ El mapa de **7 pasos para tener en tu negocio un sistema de marketing digital avanzado atrayendo ventas y clientes en piloto automatico**... Sin necesidad de usar una página web.

Presentado Por:
JULIÁN CASTAÑEDA

Este es uno que utilizamos para un seminario online para empresarios:

"En el seminario usted descubrirá 3 simples técnicas que dispararán sus ventas hacia el cielo en cuestión de días (la primera es mi favorita)"

"La sencilla técnica llamada C.T.T.P, que hace que sus clientes le busquen para comprarle en lugar de usted tener que salir a buscarlos"

Allí le hablo a mi público ideal de beneficios, les genero curiosidad. La gente se preguntará: "¿Qué es C.T.T.P? Yo quiero saber". Entonces por eso que se inscribe.

"El mapa de 7 pasos para tener en tu negocio un sistema de marketing digital avanzado atrayendo ventas y clientes en piloto atomático…Sin necesidad de usar una página web"

Los Bullet Points especifican qué es lo que la persona va a recibir. Por eso es importante que le hablen directamente a los deseos y a las frustraciones que el público tenga.

Otro ejemplo. Esta es una campaña que hicimos para uno de nuestros clientes, un coach ejecutivo que ayuda a otros ejecutivos a organizar su equipo de trabajo.

Fíjese que él está regalando un imán de prospecto que resuelve una de las dudas más grandes que tiene este público: "¿Cómo hago para que mi equipo sea autónomo, para que no me esté quitando tanto tiempo? Porque yo tengo un equipo de trabajo y a cada rato me está interrumpiendo".

Así que lo que estamos prometiendo a través de ese imán de prospecto es:

"Cómo tener reuniones poderosas y efectivas en menos de diez minutos"

Con ese sencillo formato podrás:

- Evitar interrupciones innecesarias de tu equipo de trabajo con preguntas o consultas
- Hacer que los miembros de tu equipo de trabajo sean proactivos y solucionen los problemas sin necesidad de tu constante presencia y dirección.
- Hacer que tu equipo se comunique con precisión para avanzar más rápido y tener mejores resultados".

Llamado a la acción claro y directo.

Lo siguiente importante dentro de una página de captura poderosa y persuasiva es un llamado a la acción claro y directo, es decir, que usted le diga a la persona específicamente qué es lo que debe hacer para recibir el imán de prospecto.

Usted no puede asumir que una persona por estar en una página sabe qué es lo que tiene que hacer porque no es así. Usted tiene que decirle a la persona: "Haga clic aquí ahora, ¿quieres descargar mi reporte ahora?, accede inmediatamente" o "quiero bajar cinco kilos ahora."

Acá unos ejemplos de lo que incluimos en los botones de nuestras páginas y en algunas de nuestros clientes:

«Haz Clic Acá Ahora»
«Quiero Descargar Mi Reporte Ahora»
«Acceder Inmediatamente»
«Quiero Bajar 5 Kilos Ahora»

Todos son llamados a la acción específicos, claros y directos. Le estamos diciendo, especificando, qué es lo que las personas necesitan hacer para adquirir su imán de prospecto gratis.

Ahora se preguntará: "Bueno, ¿cómo construyo una de esas bellas y persuasivas páginas de captura que tienen ustedes en la Organización Mundial del Éxito para ustedes y sus clientes? Sobre todo teniendo en cuenta que no soy programador y no sé nada de diseño web".

No es difícil, es muy sencillo. Usted necesita una herramienta como, por ejemplo, Leadpages.net, Clikfunnels.com u Optimizepress.com. Cualquier de estas herramientas le permiten crear páginas de captura en cuestión de minutos.

Ahora si usted en algún momento dice: "En realidad no quiero hacer eso por mi cuenta, quiero contar con profesionales", entonces naturalmente puede siempre contactarnos a nosotros para que le diseñemos y le ayudemos a implementar y ejecutar todo el sistema.

PASO #4 – EL SEÑUELO

Ya estamos avanzando en la relación con Sofía. La conocí en la biblioteca, la vi leyendo un libro de X tema, de un tema específico y yo le dije: "Oye, yo tengo un libro que te va a encantar, que es de este autor y que es acerca de este tema". Entonces ahí yo le di ese imán de prospecto a cambio de su teléfono.

Luego cuando ya tengo su número de teléfono, la invito a una primera cita, la invito a un café; y esto es lo que en marketing digital nosotros llamamos un "señuelo". Este paso es opcional, no es algo para todas las empresas ni negocios; dependerá de, simplemente, si en su negocio puede funcionar o no.

Este paso algunos negocios simplemente deciden evitarlo y no hay ningún problema. Pero en la mayoría de los casos lo que recomendamos es que se incorpore.

Entonces, ¿qué es un señuelo? Es una oferta inicial para convertir a los primeros prospectos en clientes, para convertir a los que ya están listos a volverse sus clientes de forma rápida.

El señuelo es una oferta de bajo valor (un precio bajo) de un producto/servicio que no es el principal. El objetivo es volver y convertir en nuevos clientes los prospectos que ya están listos para tomar acción y comprar un producto o servicio de bajo valor que sea una especie de "muestra" de lo que su empresa hace.

A diferencia de la conquista, no sólo estamos haciendo el proceso con una persona, sino con muchos prospectos a la vez, cientos de ellos. En muchos casos miles o decenas de miles.

Entonces supongamos que un hombre está saliendo con 20 mujeres al tiempo. Realiza el mismo proceso: las conoce en la biblioteca, les hace la invitación a prestarles el libro, toma su número de teléfono, etc.

En la siguiente cita, el hombre puede hacer lo siguiente con cada una de esas mujeres: les puede preguntar si quieren ir al cine, y muchas de ellas le dirán que sí. El ir a cine o no para la mujer en ese momento será una primera decisión, un compromiso más serio.

Si este hombre del ejemplo va con 20 chicas y 10 le dicen que sí quieren ir al cine y el resto le dice que no, significa que está avanzando la relación con 10 chicas y con las otras 10 necesita realizar más trabajo.

En términos de negocios, ¿qué significa eso? Significa que cuando usted tiene un prospecto que acaba de consumir su imán de prospecto y está preparado en ese momento para volverse su cliente, usted le hace una oferta inicial de bajo valor.

Sigamos con el ejemplo del ejecutivo para ver cómo funcionaría este concepto del señuelo. El ejecutivo tiene interés en mejorar la relación con su familia, y lo que yo vendo como empresa son viajes internacionales de lujo. Entonces el proceso para este ejecutivo sería el siguiente:

1.   Le regalo el imán de prospecto "Cómo puede mejorar la relación de familia con estos cinco sencillos pasos", y en este video donde le revelo esos sencillos pasos al final le digo: "Mira, lo que tú tienes que hacer, la mejor estrategia es irte de viaje para que tú puedas hacer esas 5 actividades con tu familia. Entonces si quieres conocer más acerca de esta oportunidad haz clic". Y allí le hago una oferta.

2.   Ofrecer el señuelo. Para este caso un señuelo puede decir: "Disfruta de unas mini vacaciones de sólo dos días, dentro de Estados Unidos, sin tener que dejar el país, y sólo por $300 dólares"

Le estoy permitiendo a la persona que pruebe uno de mis servicios de bajo valor para enamorarlas. En el ejemplo del cine la idea es llevarla a una película romántica para enamorarla y, cuando le vaya a pedir noviazgo, sea mucho más fácil.

Esto mismo debemos hacer con nuestros prospectos: enamorarlos con una prueba de nuestros productos/servicios y de esta forma van a querer más.

En el ejemplo anterior de la agencia de viajes se empieza con un servicio muy económico de $300 para que el ejecutivo lo pruebe y, luego, se puede escalar a los servicios principales que tienen valores de entre $20.000 y $30.000 dólares.

Ahora, cuando uno de estos ejecutivos ha contratado a la agencia de viajes para estas mini vacaciones con su familia para esos dos días específicos, entonces lo mejor en ese fin de semana es que yo le diga a la persona: "En este tiempo avanzamos, pero necesitamos avanzar más para mejorar la relación con tu familia. Entonces el siguiente paso es: nosotros tenemos este paquete donde tenemos unas vacaciones de 14 días, las cuales consisten en…".

Vuelvo y le repito, ese señuelo no es para todo el mundo. Probablemente no es para usted, pero si usted siente que hay un producto/servicio intermedio o algo que usted pueda ofrecer que es de bajo valor y que hace que la gente lo quiera adquirir sin pensarlo, entonces es una muy buena idea.

Acá otro ejemplo:

Siempre que alguien se suscribe a cualquiera de nuestros sistemas, inmediatamente le ofrecemos un producto llamado "La guía para atraer una avalancha de clientes a tu negocio en 21 días o menos" y lo vendemos por tan solo $9 dólares... es una oferta irresistible que muchos de nuestros prospectos compran de inmediato. Y ya en ese punto en que tenemos un cliente es mucho más fácil escalarlo a que compre nuestros demás entrenamientos, servicios y consultoría.

PASO #5 – ESOS DETALLES QUE ENAMORAN

El paso número 5 son esos detalles que enamoran. Es la construcción de confianza con su prospecto y que usted puede vender 24/7.

Volvamos a nuestro proceso de conquista. Después del cine no va a proponerle matrimonio a esa chica porque eso en realidad no sucede, y lo más probable es que, incluso luego de salir con esta mujer dos veces, igual le diga que no.

Necesita construir confianza con la mujer, enviarle esos detalles que la van a enamorar y que realmente van a construir esa confianza suficiente para que en el momento en el que usted le diga: "Oye ¿te quieres ennoviar/casar conmigo?", ya esté preparada y le diga "sí, sí quiero ser tu novia/esposa".

Eso nosotros lo hacemos en el mundo del marketing digital a través del seguimiento con el email marketing.

Recuerde que usted ya tiene los datos de contacto de su prospecto y los obtuvo cuando éste se registró a adquirir su imán del prospecto a través de su página de captura.

En el momento en el que usted tenga el email de sus prospectos es cuando necesita usar la herramienta más poderosa conocida sobre la faz de la tierra en el mundo del email marketing: un auto respondedor.

Un auto respondedor es una herramienta automatizada que envía emails de forma automática, personalizada y en forma de seguimiento.

La primera vez que escuché acerca de esta herramienta "quedé en las nubes", y no lo entendí para nada. Entonces no quiero que le pase lo mismo, quiero mantenerlo muy simple; de hecho, es una herramienta muy sencilla, tan sencilla que cualquiera de nosotros la podemos utilizar.

Un auto respondedor es un como un CRM (Customer Relationship Manager), una herramienta que le maneja las relaciones con sus clientes o con sus prospectos de forma automatizada.

Déjeme darle un ejemplo y es una captura de nuestro sistema de auto respondedor:

Note que eso es un candelario que tiene días. Entonces el día 0 (el día que su prospecto se registra en su sistema) está arriba a la izquierda, luego vienen los días 1, 2, 3, 4… (como en un calendario). Cada uno de esos días significa el momento en el que la persona va a recibir un email de seguimiento. Fíjese que eso no está asociado a una fecha sino al día 0, entonces el día 0 es el día en el que la persona se inscribe en su página de captura, y ese día 0 la persona recibe el mensaje que se ve en esa casilla.

Entonces si yo ingreso hoy en esta fecha, el día de hoy, en este mismo momento en que usted está leyendo este libro, en este mismo momento (el día 0 para este sistema), yo estoy recibiendo un email de contacto de parte de Julián Castañeda, de la Organización Mundial del Éxito.

Mañana, en el día 1 de mi proceso, voy a estar recibiendo el correo número 2, el día número 3 estoy recibiendo el siguiente y así sucesivamente.

No todos los días enviamos emails pero sí la mayoría de días porque estamos pendientes de nuestro prospecto y le estamos dando valor, estamos construyendo esa relación de confianza con él, le estamos dando esos detalles que enamoran a la mujer, estamos enviando cartas, flores, peluches, la estamos invitando a salir, etc. Así es como usted construye esta relación.

Ahora, si Juan ingresa mañana en este sistema, le llegará mañana el email número 1, que es el día número 0 para él. Y mientras yo estoy en el día número 1, Juan está en su día número 0, entonces Juan va a recibir esa secuencia del día 0, el siguiente día de Juan, es decir pasado mañana él va a recibir el email número 2 en su día número 1.

Eso significa que cualquier persona que ingrese en cualquier momento va a recibir el seguimiento siempre igual y de forma automatizada; usted no tiene que enviar ningún email, sólo tiene que instalarlo y decirle en qué momento quiere que se envíe.

Y si se está preguntando cuáles son las herramientas que nosotros recomendamos en términos de auto respondedor, le comentamos:

Para América Latina nosotros recomendamos Getresponse, AWeber o Mailchip.

La que nosotros utilizamos es Getresponse y es la que más recomendamos.

De hecho usted puede abrir una cuenta de prueba gratuita de 30 días visitando el siguiente enlace: www.Getresponse.com/30-dias-gratis

Así que usted puede abrir una cuenta y empezar desde hoy mismo de forma gratuita. Incluso va a poder tener sus auto-respuestas o seguimientos instalados en su negocio y listos para empezar a generarle prospectos y ventas.

PASO #6 – LA GRAN PREGUNTA

Luego de todos esos detalles que enamoran, viene el momento del paso número 6: la gran pregunta, obteniendo ofertas y alistando su anillo para proponer el matrimonio. En este punto, tenga presente que ya hemos hecho varias cosas. Sigamos con la metáfora.

Ya conocimos a la mujer en la biblioteca, que fue el proceso de atracción de tráfico. Ya le ofrecimos un imán de prospecto (prestarle el libro a cambio de su número de teléfono). Luego de eso le ofrecimos el señuelo (invitación al cine). Después empezamos a cultivar esa relación a través del auto respondedor y el seguimiento por email marketing (esos detalles que enamoran).

Estamos construyendo una relación de confianza enviándole un mensaje de texto, llamándola por teléfono (sin ser intensos), voy a su casa, la visito y le regalo cosas… y así la voy cultivando.

Y en algún momento cuando ya la relación esté lo suficientemente fuerte llega el momento de hacerle la gran pregunta: "¿Quieres ser mi novia?"

Y lo más probable es que diga que sí, a diferencia de haberle propuesto noviazgo el primer día que la conocí (que es lo que la mayoría de empresarios hacen a la hora de ofrecer sus productos/servicios).

Nosotros los empresarios normalmente hacemos eso: conocemos a un cliente nuevo, o un desconocido nuevo y le decimos: "mira, yo tengo este producto o servicio, cómpralo por XYZ", y no funciona así. Debemos pasar por todo este proceso de conquista del prospecto para finalmente obtener un "SI" a nuestra propuesta de venta.

Dependiendo de su proceso de ventas usted seguirá un modelo u otro. Hay productos y servicios que se pueden vender a través de Internet, es decir, que la gente lo pueda ordenar en Internet, pagar por Internet, y después usted le envía el producto o servicio. O existe la posibilidad de otros casos que es como nosotros hacemos nuestras ventas de consultoría: Internet le sirve para agendar una sesión o un evento con el prospecto para "cerrarlo". Este es el proceso de ventas consultivas.

Así que Internet le puede ayudar a vender todos sus productos o servicios en Internet o le puede ayudar a atraer prospectos sumamente cualificados a una sesión, llamada de ventas, visita, demostración en la que usted simplemente se encarga de "cerrarlos" y convertirlos en clientes.

Vendedores Automáticos En Internet - Cartas de venta y Vídeo Cartas de Venta

La ventaja de estar en Internet es que sus productos o servicios se pueden estar vendiendo 24/7, sin que usted o nadie de su equipo esté presente.

Y esto se logra principalmente a través de 2 medios:

1.   Carta de ventas
2.   Vídeo carta de ventas

Una carta de ventas es una página que tiene un texto (estilo carta) que le vende a usted un producto o servicio o, en otros casos, el que agende una cita con una persona para continuar el proceso de ventas.

Una carta de ventas por lo general es larga, es una presentación de ventas, y acá le dejo un ejemplo (recortado) de cómo se ve esto en Internet:

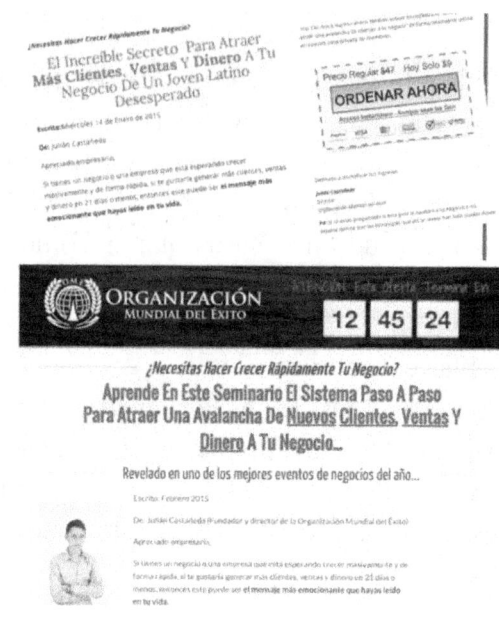

La última es una carta de ventas que vende un seminario online que dimos hace un tiempo: Clientes Express. Allí en esa página usted puede hacer una transacción en línea para realizar el pago y de esa manera las personas adquieren su tiquete de entrada.

Ahora vamos a ver cuáles son los elementos fundamentales, cuál es la estructura de una carta de ventas y cómo usted puede realizarlas para tener mejores resultados.

1. Titular llamativo.

Lo primero que debe tener su carta de ventas es un titular llamativo y que incentive a las personas a leer la carta completa.

Dígame si esto es o no llamativo:

"El Increíble Secreto Para Atraer **Más Clientes, Ventas, Dinero** A Tu Negocio De Un Joven Latino Desesperado"

¿Llamativo? ¿Le incita a leer más? Si sí, entonces ésa es la clave del titular.

2. Contar una historia acerca del dolor y la solución al dolor.

En esta carta de ventas yo cuento una historia acerca de cuando caí en la quiebra, cuando pasé un momento de mucho dolor, y luego cómo lo logré solucionar.

Usted también cuenta una historia, cómo usted se encontró con un dolor, lo sufrió, cómo lo logró solucionar. La solución es su producto/servicio.

3. Bullet Points

El siguiente paso es tener Bullet Points persuasivos sobre lo que su producto/servicio va a hacer por el prospecto, hablar de lo que ellos están buscando, queriendo y deseando.

En estos bullets usted debe explicar los beneficios y las características de su producto o servicio.

"Cuando adquieras mi producto/servicio vas a tener los siguientes beneficios y las siguientes características"

4. Llamado a la compra

Luego, usted hace un llamado a la acción para que pueda comprarlo y pueda tenerlo ahora mismo. Debe darle claras instrucciones:

"Lo siguiente que tienes que hacer es clic en el botón que dice Ordenar Ahora"

"Lo siguiente que tienes que hacer es ir al banco y realizar una transferencia a XYZ"

"Lo siguiente que tienes que es llamar al xx-xxx-xxx para…"

Necesita explicarle a la personas precisamente qué es lo que necesita hacer para que continúe con el proceso de compra.

5. Rompiendo objeciones

Lo siguiente es romper objeciones. Si usted sabe que normalmente las personas tienen una objeción a su producto o servicio, entonces ahí usted tiene que romperla por adelantado. Si usted sabe que la gente pregunta acerca del color de su producto, usted dice: *"Yo sé que te preocupa a ti el color, porque quieres que esté alineado con el color de tus paredes, que sea en conjunto y sea armónico. Entonces para tu tranquilidad quiero que sepas que puedes elegir entre una gran gama de colores para que no tengas ningún problema"*.

Cualquier objeción que las personas tengan en sus mentes usted la debe aclarar por adelantado, no se guarde nada.

6. Garantía del producto o servicio.

Si usted tiene garantía, que debería tenerla, debe decirle por ejemplo: "Nuestra garantía es la siguiente: si tú no logras el resultado en X días entonces te vamos a regresar el 100% de tu dinero"

Y esa es la estructura de una carta de ventas de forma muy superficial. Podría escribir un libro entero acerca de cómo escribir cartas de ventas profesionales y que generen ventas, al fin y al cabo por eso me pagan muy bien las empresas y siempre obtenemos fantásticos resultados.

Ahora bien, una vídeo carta de ventas sigue la misma estructura que le acabo de mostrar, la única diferencia es que esa carta de ventas se pone en formato de video. Usted o un actor que contrate la usarán como el script/guión de su vídeo de ventas.

Usted debe hacer cartas de ventas o video cartas de venta dependiendo del formato en el que su público esté acostumbrado a consumir contenido. Usted es un empresario, y usted está acostumbrado más a leer que a ver videos. A usted le encanta leer, estoy seguro, usted lee muchísimo; de hecho por eso es que nosotros hemos estructurado las cartas de venta en formato texto y no en formato video.

Pero para otros clientes, nosotros hacemos las cartas de ventas en formato video, porque el público de mis clientes (en algunas ocasiones) son personas que están acostumbradas a ver contenido en formato video.

PASO #7 – CONSTRUIR UN GRAN MATRIMONIO

Ya para este punto obtuvo un "Sí" rotundo de esa mujer, ya se casó con ella. Pero ahí no acaba todo. Viene el siguiente reto: cómo usted puede construir un gran matrimonio, cómo puede fidelizar a sus clientes de por vida.

No todo acaba cuando consigue un nuevo cliente, que es donde la gran mayoría de empresarios se detiene. Le dicen al cliente: "Muchas gracias por su compra, aquí está su producto/servicio… hasta nunca", y se desaparecen para nunca más ser vistos por ese cliente.

De hecho el proceso nunca acaba. Lo que usted necesita hacer es continuar nutriendo a esos clientes, haciendo que compren una y otra y otra vez no sólo uno de sus productos si no también que asciendan, es decir, que si compran un producto del nivel A, luego compren del nivel B, luego nivel C, siendo esos niveles cada uno superior al anterior.

Entonces la fidelización de clientes ocurre en Internet a través de ofertas adicionales que se llaman "Upsells" o "Downsells", e incluso "Cross-sales".

Éstas son ofertas adicionales que complementan la compra que la persona acaba de hacer.

Un ejemplo:

El primer producto inicial donde dice "Front End" tiene un precio de entre $297 y $397 dólares. Ésta es la primera venta. Cuando la persona hace la compra de este producto automáticamente se le ofrece un producto adicional que complementa la compra que acaba de hacer.

La siguiente página dice: "Gracias por comprar ese producto, ahora para que usted complemente su producto (el que acaba de comprar) debe tener también este segundo producto". El cual se encuentra donde dice "Upsell #1", y tiene un precio de $47 dólares.

Y si la persona dice que sí a esta nueva oferta, entonces se dirige a un "Upsell #2", el cual tiene un precio de $997 dólares.

Detengámonos un segundo a analizar que ha pasado. En este escenario una venta que antes era de tan sólo de $297 - $397, se puede convertir en una venta de $1441 sólo implementando este sencillo proceso. Esto significa que el valor promedio de compra por cliente aumentará de inmediato sólo al ofrecer ofertas adicionales relacionadas con el producto/servicio que la persona acaba de adquirir.

Imagine la cantidad de nuevos ingresos que usted puede tener al implementar este sencillo proceso.

Y eso que aún no lo hemos cubierto todo. Si la persona dice que "no" al "Upsell #1" entonces se dirige a un Downsell, que es la oferta adicional que se le ofrece al cliente cuando no acepta un Upsell, en el cual usted le dijo al cliente "mira, tú ya compraste esto porque quieres lograr este resultado, ahora si quieres este otro resultado entonces compra esto". Pero la persona dice "no gracias, no lo quiero". Entonces usted le dice: "OK, ya que no quieres lograr ese resultado, ¿qué te parece si quieres lograr este?". Y en este ejemplo el Downsell es de $27 dólares.

Fidelidad de por vida.

Otra gran estrategia que su negocio necesita implementar para darle el máximo valor a sus clientes y a la vez generar muchos más ingresos, es la activación o re-activación de clientes.

Esto es para empresas que tengan una base de datos de clientes que han comprado en el pasado y puedan crear una campaña efectiva para re-activarlos, haciendo que le vuelvan a comprar una vez más.

Lo primero que hay que hacer en este caso es re-enganchar al cliente, ganar de nuevo su confianza y después poder hacer una oferta irresistible.

Si usted tiene una base de datos de clientes, lo que puede hacer es simplemente re-activarlos.

DINERO A TRAVÉS DE INTERNET

Antes de culminar esta sección, le quiero aclarar uno de los temas más importantes y el cual muchos empresarios desconocen, y es acerca de los pagos a través de Internet.

Esto no es una guía completa ni en profundidad, pero si una guía general y superficial que le va a aclarar muchísimas dudas que tenga acerca de cómo son los pagos a través de Internet.

Lo primero que necesita saber es que en algunos casos es posible que usted decida aceptar pagos por Internet, o la otra opción es que reciba clientes por Internet. Son dos mundos diferentes.

Por ejemplo, usted tiene una tienda física y hace una campaña que sigue todos esos 7 sencillos pasos para atraer clientes a su negocio. Una de las estrategias que puede hacer, por ejemplo, es utilizar el proceso de prospección tal como lo vimos y utilizar el seguimiento para que la persona se acerque a su tienda y le pague allí. El cliente se originó en Internet pero el pago se hizo en su tienda.

La otra opción es que usted haga todo el proceso de forma virtual. En este caso llevará a la persona no a su tienda, sino a una carta de ventas a través de la cual la persona pueda pagar por Internet. Quiero que lo tenga en cuenta porque muchas personas se dejan bloquear porque no tienen un procesador de pagos o "Gateway", como se conoce este servicio en Internet. Es la plataforma que se encarga de realizar la transacción financiera de aprobar de debitar de la tarjeta de crédito o débito de sus clientes para que ese dinero sea consignado en su cuenta bancaria.

Si usted dice: "Quiero que mis clientes tomen su tarjeta de crédito y la ingresen en mi página para que yo tenga ese dinero de esa transacción en ese momento, y yo le pueda entregar mi producto o servicio", existen posibilidades que yo le recomiendo y son las siguientes:

Antes que nada existe PayPal, que es uno de los "merchant accounts" más grande de todo el mundo. Es una compañía que se encarga del procesamiento de pagos de las tarjetas de crédito o débito que las personas poseen.

Hay otra compañía que he visto que se llamaba PayU Latam que está tomando mucha fuerza en América Latina. Personalmente no la he usado pero algunos colegas la usan y la recomiendan. Es una solución de pagos bastante atractiva para muchos empresarios latinos que están empezando a conocer el mundo virtual y a utilizarlo para el crecimiento de su negocio.

Y la que nosotros utilizamos es Clickbank.com. Es un "merchant account" de Estados Unidos que le permite a usted tener sus productos en Internet y poder procesar los pagos, teniendo formularios de pago personalizados para su negocio. Acá le dejo uno de los nuestros para que se dé una idea.

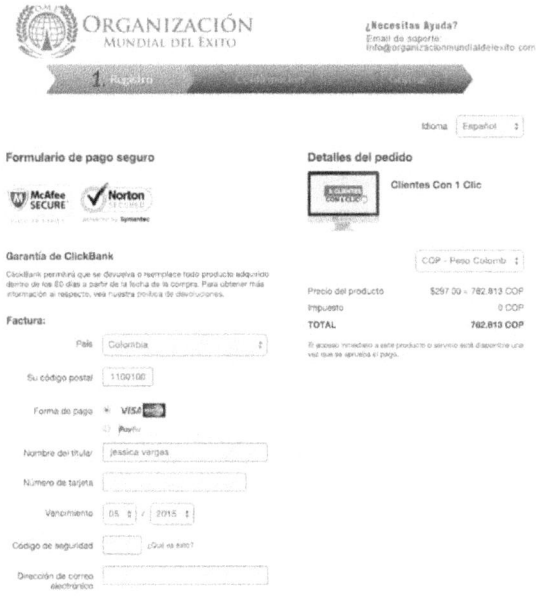

Eso es una noción muy básica de lo que necesita saber acerca de cómo colectar dinero a través de Internet. Sin embargo, realice su investigación propia y decida por su cuenta cuál es la mejor solución para su caso particular.

CAPITULO 4
LAS FAMOSAS REDES SOCIALES

En esta sección, nuestro enfoque será ver cómo las redes sociales se pueden utilizar dentro de los negocios para atraer tráfico, para aumentar la atracción de prospectos, para aumentar la generación de clientes y de ventas.

Las redes sociales caben dentro del "mapa del tesoro" en el paso número 3.

En el paso #3, como seguramente recordará, estamos en la etapa de atraer nuevos prospectos a nuestro sistema automatizado de marketing digital, para que luego a través del seguimiento los podamos convertir en nuestros clientes.

Lo primero que necesitamos preguntarnos es ¿cuáles son las redes sociales y específicamente, para qué sirven y cuáles debe utilizar mi empresa?

Aquí quiero hacer una aclaración muy importante, porque muchos empresarios y dueños de negocios cometen el error de creer que deben estar en todas las redes sociales simplemente porque están de moda.

En el momento en que Pinterest estuvo de moda, muchos empresarios dijeron "tengo que crear una cuenta Pinterest, tengo que estar donde todo el mundo está". Pero eso no es verdad. Usted necesita estar solamente donde su público objetivo está. Si su público objetivo está en Facebook, es decir, el público perfecto que usted ha identificado, usted necesita estar en Facebook como marca, empresa o anunciante para que esas personas lleguen a ver sus anuncios y así puedan entrar a su sistema automatizado de marketing digital.

Si por otro lado, su público no está en Facebook, no tiene ninguna razón para estar en Facebook. Vaya a donde su público se encuentre.

FACEBOOK

La primera red de la que vamos a hablar es Facebook.

Probablemente usted la conozca, y tenga una cuenta en Facebook y sabe que es el sitio social más grande de todo el mundo con más de un billón de usuarios en todo el planeta.

Y en América Latina las cifras son impresionantes. Es inimaginable la cantidad de personas que tiene Facebook y las nuevas personas que están ingresando en Facebook.

Vemos recientemente que la "nueva moda" es que las personas de "edades mayores" estén abriendo una cuenta en Facebook. Esta tendencia sucede porque esas personas están encontrando Facebook como una vía de reconectar con sus antiguos amigos de la infancia, amigos de la juventud, de su universidad, de su trabajo etc.

Así que si antes Facebook sólo era para gente "joven", ahora hay todo rango de edad dentro de esta red social.

Una de las grandes ventajas de Facebook es que cuando abre una cuenta, usted mismo le está dando información valiosa a Facebook: lo que para usted es importante y lo que usted es. Y Facebook le va a preguntar de todo: "¿Es un hombre o una mujer?" Luego comienza a segmentar: "Yo soy un hombre". "¿Qué edad tiene?" Al preguntarle su fecha de nacimiento ya conocen su edad.

Luego empiezan a preguntar muchas más: "Dónde estudió usted? ¿Qué carrera estudió?, si estudió una carrera, ¿en qué año se graduó? ¿Qué nivel educativo tiene?" Incluso en muchos casos le llega a preguntar hasta su nivel de ingresos actual: dónde trabaja, quiénes son sus amigos etc., etc.

Una vez abierta la cuenta y, sin que Facebook siquiera le esté preguntando, usted mismo le da información a Facebook. Por ejemplo, cuando le da "like" o "me gusta" a una página, a un artista, cuando se une a un grupo. Facebook ya sabe lo que a usted le interesa.

Ellos saben cuándo se conecta cada día, saben cuál es el mejor momento para que usted vea los anuncios porque usted está ahí presente. Entonces ellos diseñan modalidades para que los anuncios realmente funcionen. Desde el punto de vista del empresario es una gran noticia, en el sentido de que en Internet la privacidad no existe.

Y no existe no porque "no exista", sino porque nosotros mismos nos encargamos de decirle a todo el mundo qué es lo que nos gusta, qué nos interesa, dónde vivimos, cuál es nuestro número de celular, qué es lo que estamos haciendo, dónde lo estamos haciendo etc., etc.

Esta es una gran ventana para nosotros como empresarios, porque lleva la segmentación demográfica y psicográfica a un nivel superior; podemos segmentar muy a detalle el grupo de personas a las cuales queremos mostrar nuestros anuncios.

Es lo que a usted le va a permitir como empresario segmentar una audiencia y seleccionar por los intereses que su público tenga. Entonces, usted en el primer paso ya definió a esa mujer ideal (su prospecto, su avatar de prospecto) y dijo "ellos son personas que tienen XXX edad, viven en XXX país, tienen XXX situación" etc., etc.

Dentro de la plataforma de publicidad de Facebook, usted va a poder segmentar esa audiencia. Es más, usted la puede segmentar tanto como usted quiera literalmente.

Usted puede decir: necesito personas que sean de la ciudad de Bogotá, que sean hombres, que tengan entre 25-50 años, que sean asistentes administrativos y que les guste comer saludable y, que además, tengan una novia o una esposa, que estén casados.

Puede llegar a ese nivel de segmentación, y en ese momento es cuando usted hace publicidad a través de Facebook. Con esa segmentación, su mensaje está llegando a un público muchísimo más cercano al que usted necesita.

Facebook es muy interesante porque las personas pasan muchísimo tiempo dentro de esa red social. Es un sitio donde usted está viendo videos, noticias de sus amigos, viendo qué es lo que están compartiendo las otras personas, etc. Y esto permite que tengamos información muy precisa de nuestro público ideal.

Sin embargo Facebook es una herramienta de "doble filo". Es una plataforma que vende billones de publicidad para atraer la atención de las personas. De hecho, uno de los indicadores más importantes para Facebook es qué tanto tiempo usted está conectado a esa plataforma.

Entre más tiempo usted esté conectado a su plataforma en promedio, mejor para Facebook. Es como el Rating para la televisión. En esa medida, han diseñado una plataforma supremamente poderosa y extremadamente adictiva.

Si usted piensa utilizar Facebook para estar pendiente de sus amigos, para conocer personas y hacer "negocios" y prospección agregando amigos, enviar mensajes privados y hacer seguimiento, mi consejo es que invierta su tiempo en otra actividad más productiva.

No le recomiendo tener una cuenta personal de Facebook para todo esto que estamos comentando porque se va a dar cuenta de que va a desperdiciar muchísimo tiempo, en lugar de estar aprovechando ese tiempo en oportunidades más importantes y más grandes.

Lo importante que ha de saber es que usted necesita balancear la parte personal con la parte de negocios dentro de las redes sociales.

Y se lo menciono porque nosotros, en la Organización Mundial del Éxito, estamos muy pendientes del tema de la productividad, y personalmente a mí me interesa muchísimo ese tema. Nosotros ofrecemos cómo poder conseguir los mejores resultados a través del mínimo esfuerzo. No se trata de ser perezoso, sino de ser inteligente.

Trabajo inteligente versus trabajo duro

Si yo puedo llegar de A a B en menos tiempo, más rápido y con menos recursos es mucho mejor que llegar de A a B con más tiempo, con más recursos y con más energía. En ese sentido, tenga cuidado tanto con Facebook como con cualquier otra red social. Si usted la utiliza para la parte de negocios, para hacer publicidad y demás, le aseguro que va a tener muy buenos resultados.

IMPORTANTE:

Por favor síganos en Facebook en la página oficial de la O.M.E: https://facebook.com/organizacionmundialdelexito

Y si quiere seguirme a mí. Puede hacerlo en mi página de fans:https://facebook.com/juliancastanedam

TWITTER

Twitter es una red social que tiene una característica muy particular, algo que los expertos llaman "microblogging", un "blog pequeño".

Usted tiene un espacio muy limitado de caracteres para compartir mensajes. Si en Facebook lo que usted hace es publicar actualizaciones de lo que a usted le gusta, de lo que está haciendo, de su vida personal etc., etc., no tiene límite para hacerlo; puede escribir una carta de cinco páginas. Pero en Twitter, usted tiene una limitación: sólo puede escribir 140 caracteres… y nada más allá de eso.

Twitter es una red social muchísimo más veloz porque usted está pendiente de las personas que usted sigue, ya sean celebridades o amigos, y usted simplemente en un parpadeo ve lo que están viendo las personas. Eso es lo que diferencia principalmente a Twitter de Facebook.

Twitter también tiene la ventaja de la segmentación avanzada. Cuando usted está en Twitter usted sigue a personas, marcas, celebridades, bandas, etc. Y esta información es la que se utiliza para segmentar a sus usuarios.

Es decir, en Facebook usted tiene "amigos" y en Twitter sigue a diferentes contactos o amigos, y esas mismas personas lo pueden seguir a usted. Entonces cuando las personas que usted está siguiendo publican algo, a usted le aparecerá en su página inicio de Twitter.

Cuando usted le da clic en "seguir" a alguien, Twitter ya sabe de esa persona: qué es lo que hace y cuáles son los temas de los que habla. Así mismo, Twitter le va conociendo a usted según las personas que está siguiendo. Si sigue a gente famosa de los deportes por ejemplo, y todo está relacionado con el fútbol, y de un equipo específico de un país o de una liga, Twitter se da cuenta de que a usted le interesa el futbol.

De esa manera es cómo esas plataformas le pueden conocer y como usted puede utilizarlas para que eso le permita, naturalmente, hacer mejores anuncios publicitarios que le permitan atraer prospectos a su sistema de marketing digital.

Y vuelvo a la misma advertencia para Twitter que para Facebook: usted tiene que tener cuidado al usar esa herramienta para eso y no dejar que estas herramientas lo usen a usted.

De hecho hay una frase que yo siempre digo a todos mis estudiantes y clientes: "Tienes que aprender las reglas del juego para que otros jueguen en él pero no caigas en el juego"

Si usted utiliza Twitter para hacer que otras personas vean sus anuncios, su publicidad, todo lo que usted tiene es valor para compartir. Entonces eso es muy valioso.

Pero si usted cae en la otra rama de ser utilizado por estas herramientas que están diseñadas para retener su atención, entonces usted va a quemar muchísimo tiempo que puede tener invertido en otras actividades más valiosas.

LINKEDIN

LinkedIn es la red profesional más grande del mundo. Es una red profesional y se especializa en asuntos laborales, de trabajo, profesionales y en temas de negocios.

A diferencia de Facebook y Twitter, donde usted comparte de su vida personal, en LinkedIn usted comparte aspectos de su vida profesional. Comparte dónde ha trabajado, su historia laboral, sus talentos, sus habilidades, sus estudios, sus logros, etc. Es como una hoja de vida online.

También usted puede seguir a líderes del mundo en temas de negocio y estrellas de la farándula.

En LinkedIn lo que usted hace es compartir información acerca de negocios y acerca de temas que tengan que ver con el tema profesional.

Las personas conectan porque están buscando oportunidades. Hay personas que buscan talentos o empresarios buscando oportunidades de negocio.

Así que si su público es empresarial o profesional, LinkedIn es una plataforma en la que usted y su marca necesitan estar.

Acá también tiene la segmentación profesional más avanzada del mundo; si usted por ejemplo dice "sólo necesito contadores de Colombia que tengan este cargo, que tengan X salario, que tengan más de 5 años de egresados y además una especialización en XYZ", puede hacerlo perfectamente en LinkedIn.

En términos de inversión publicitaria, LinkedIn es incluso más costoso que Facebook y Twitter combinadas.

También tengo un perfil en LinkedIn donde me encantaría conectar con usted. Me puede enviar una invitación a: https://www.linkedin.com/in/juliancastanedam

GOOGLE+

Google+ es una de las redes sociales más recientes. Fue lanzada por Google para contrarrestar el público que se estaba llevando Facebook.

Es una plataforma muy interesante porque le permite a usted conectar con las personas en algo que llaman círculos. Un círculo es una categoría con la cual conecta a unas personas.

Si usted ve su vida, la puede ver como círculos. Dice: "Tengo el círculo de mi familia que incluye a mi mama, a mi papa, mi hermano, a mis primos o a mis tíos, a mis hijos". En otro extremo pone otro círculo, el círculo de amigos. Allí tiene a otras personas: amigos de la universidad, del colegio, del trabajo, mi socio, etc.

Si usted va a otro círculo, alrededor está el círculo profesional. Entonces ahí está su compañero de trabajo, su jefe, etc. Dependiendo de su vida, tendrá unos círculos u otros.

Esos círculos nos permiten establecer la categoría y el nivel de contacto que nosotros tenemos con esas personas dentro de ese mismo círculo.

Dentro de familia estamos en el círculo personal, el cual está mucho más vinculado con nosotros personalmente. El círculo laboral o profesional tiene otras características.

Google+ tiene una plataforma para realizar publicidad muy similar a las de Facebook y Twitter. Esta plataforma es llamada "+Post ads", donde las marcas podrán, con tan sólo unos clics, poner cualquier publicación en su perfil de Google+ y convertirla en un anuncio que llegue a los usuarios seleccionados por la segmentación de herramienta.

Es que se trata de una plataforma que le permite alcanzar muchas cosas interesantes. Cuando usted crea una página Google+ de su marca y la crea en la categoría correcta, Google le va a ayudar para que aparezca en las primeras posiciones de los buscadores.

Le cuento el caso de lo que nosotros hicimos con la empresa de mis papás.

Como le contaba en el principio de la introducción, ellos tienen una fábrica donde realizan arte. Básicamente ellos hacen vitrales, y los vitrales que ellos hacen son muy específicos, son de una gama alta para diferentes ejecutivos, iglesias y empresas.

En ese sentido, cuando las personas escriben la palabra clave que es "vitrales en Bogotá", no sólo aparece la página de ellos en primera posición, sino que aparece el perfil de Google+ de ellos en las primeras posiciones (aparecen más de 2 veces en la búsqueda) y eso les ha traído un montón de tráfico a ellos, de los cuales muchísimos se han convertido en clientes.

Si usted no tiene una página de Google+ le puedo aconsejar el que empiece a crear una y no ponga el nombre de su marca al inicio, sino escriba la categoría de lo que las personas van a estar buscando en Internet.

Por ejemplo, vamos imaginar que tenemos un negocio en Lima-Perú y que reparamos y hacemos mantenimiento a vehículos y automóviles. Nuestra marca se llama: Automóviles 1A. Usted no va a poner en el perfil de su página que se llama Automóviles 1ª; en lugar de ello debe poner "Reparación de automóviles en Lima 1A"

Lo que sucede al hacer esto es que cuando la gente busque "reparación de automóviles en Lima", su página de Google+ va a aparecer en las primeras posiciones. Y en esa página usted va a poner su imán de prospecto y todo el sistema que estuvimos detallando en la sección anterior.

PINTEREST

Es una herramienta que consiste en crear "tableros" en los que se comparten imágenes y fotografías. Es una red social que basa todo su contenido en diseño gráfico y en el aspecto visual.

Usted crea "galerías virtuales" de fotos e imágenes, y todas ellas llevan una categoría y diferentes palabras clave. Significa que las personas lo pueden encontrar haciendo búsquedas de las palabras clave. Es decir, para lo que ellos están buscando, volviendo al ejemplo anterior, una palabra clave puede ser: "Reparación de vehículos en Lima".

Si su negocio tiene un aspecto visual importante, como es el caso de los diseñadores de moda o gráficos, o usted vende diferentes productos y necesita las fotos de ellos, etc. Pinterest es una muy buena idea para usted y su marca.

Por ejemplo, si usted vende peluches para diferentes ocasiones, usted pone en la descripción de las fotos "peluches para cumpleaños", "peluches para los novios", "peluches para los niños" y sube varias fotos. Se dará cuenta de cómo todo esto le va a empezar a traer muchísimo tráfico hacia su negocio.

¿DÓNDE PONGO A JUGAR A LAS REDES SOCIALES?

Usted se estará preguntando: "Bueno, y ¿dónde entran las redes sociales en mi plan de marketing digital?

Las redes sociales, dependiendo de las que usted elija, van a entrar en varias de las siguientes categorías.

La primera es la atracción de prospectos.

Es la manera de cómo usted puede atraer ese prospecto que está allá en esa red social viendo imágenes, un vídeo, las fotos de sus amigos, leyendo una noticia o algo por el estilo, cómo atraerlo a su sistema de marketing a través del imán de prospecto, para que de esta forma se vuelva su prospecto y de ahí en adelante usted pueda hacerle el seguimiento.

Es muy importante que usted saque a la persona de la red social y la traiga en su ambiente.

Usted no puede venderle cuando está en la calle, cuando está en la fiesta. Usted tiene que decirle: "Venga señora acá, conmigo, sígame" y usted la lleva a la tienda y en la tienda sí le muestra todo: "Mire, lo que yo hago es esto, usted tiene este problema y así es cómo le podemos ayudar", etc.

Si usted se da cuenta, dentro del sistema que nosotros compartimos, en ningún momento existe una página web como es tradicionalmente entendida, como una página que tiene las categorías de: inicio, dónde estamos, qué hacemos, productos, galería etc., etc.

Eso no lo incluye el sistema; una página web es un plus adicional si usted sólo tiene una página de captura, un sistema de seguimiento y todo lo demás incluido en el sistema revelado en este libro. Incluso sin página web podría llegar a conquistar muchísimo mercado y muchísimos clientes.

El segundo elemento donde entran a jugar las redes sociales es en la generación de confianza y en el posicionamiento de marca.

Cuando usted tiene a una persona enganchada en su red social, por ejemplo, a una página de fans en Facebook y tiene varias personas que le han dado clic en "me gusta", esas personas son sus fans, sus seguidores.

Con eso, lo que usted hace es simplemente generar confianza a través de las actualizaciones y contenidos que compartirá allí.

Si usted ha tenido la oportunidad de darle "Me gusta" en la página de la Organización Mundial del Éxito (si aún no lo ha hecho lo puede hacer en https://www.facebook.com/organizacionmundialdelexito), nosotros estamos constantemente compartiendo imágenes, frases en relación al tema de negocios, contenido de nuestro blog, videos, contenidos de otros blogs. Y eso lo que hace es que las personas nos vean a nosotros como una fuente de autoridad que sabe del tema.

Eso también usted va querer de su público. Que su marca empiece a posicionarse fácil y paulatinamente en la mente de sus prospectos.

La tercera categoría en donde entran las redes sociales es en la conversión de prospectos a clientes.

Esto es un poco más avanzando, pero simplemente quiero que sepa que usted puede tener prospectos en Facebook, en Twitter, en otras redes sociales y cuando ya ha construido esa confianza y ese seguimiento usted puede vender desde Facebook.

Es decir, que Facebook sea el origen para que una venta suceda.

Por ejemplo, si usted hace un descuento especial, o una campaña especial, usted puede tomar a todas las personas que están en su lista o en sus bases de seguidores de Facebook o de Twitter para comunicar esa promoción.

Si por ejemplo, de hoy hasta la próxima semana tenemos una promoción donde estamos descontando, rematando todo al 50%, lo que yo puedo hacer es simplemente enviarlo a todos mis fans. Y allí publico: "A todos mis fans de Facebook les tengo una extraordinaria noticia: durante la siguiente semana vamos a estar rematando al 50% toda esta línea de productos" Puedo ponerlo con fotos, imágenes, página web, etc. En ese momento es como convertimos de prospecto directamente en nuevos clientes para nuestro negocio.

Finalmente las redes sociales aportan al proceso de fidelización.

Grandes marcas como Apple y muchas otras utilizan varias de las redes sociales que tienen para poder hacer la etapa de fidelización más sencilla.

La fidelización ocurre normalmente cuando usted está pendiente de su cliente después de que le haya comprado para hacerle un seguimiento y construir una relación a largo plazo.

Lo que la mayoría de empresarios hacen es, por ejemplo: si usted me compró un producto, le digo "gracias por su compra, este es su producto, que le vaya muy bien chao, chao" y durante mucho tiempo no le vuelvo a contactar ni le vuelvo a decir nada.

Después de un año cuando yo necesite re-activarlo a usted como mi cliente le escribo: "Recuerde que hace un año me compró, quiero presentarme otra vez con usted porque quiero que me compre otra vez".

Y parece como si esta marca sólo apareciera y me contactara cuando quiere venderme algo. Es muy diferente a que yo le diga: "Muchas gracias por su compra, aquí esta su producto, quiero que sepa que vamos a estar en constante contacto con usted, vamos a asegurarnos de que usted use este producto y que tenga los resultados que está queriendo" Y después, a la semana, yo le puedo decir: "¿Cómo le fue con el producto? ¿Le gustó o no? ¿Qué realimentación tiene para que nosotros mejoremos?", etc.

Lo que usted puede hacer es estar presente con sus clientes en Facebook y lo puede utilizar para ese proceso.

Por ejemplo, si usted tiene una lista de seguidores en Facebook, algunos clientes y algunos no, usted puede decir: "Para todos nuestros clientes hemos decidido regalar o hacer este descuento especial. Así que para hacerlo efectivo visita la siguiente página, o haz X y Z".

Como usted se da cuenta son cuatro categorías en las que estamos poniendo las redes sociales, las cuales le pueden servir para aumentar las ventas de su negocio.

Naturalmente existe la posibilidad de que usted pueda crear publicidad en las redes sociales, pero déjeme profundizar un poco más acerca de los diferentes contenidos que usted puede crear en redes sociales.

Más adelante vamos a ver un poco acerca de cuáles son las diferentes estrategias que usted debe seguir para crear contenido en las redes sociales, pero simplemente quiero compartir y dejar claro que todo eso sucede a través del contenido.

Incluso un anuncio publicitario que esté vendiendo algo es contenido. Es un pedazo de información que usted le comparte a sus prospectos para que ellos tomen una acción específica: compartir una imagen, visitar su página de captura, comprar su producto/servicio, agendar una cita con usted... etc.

PUBLICIDAD EN LAS REDES SOCIALES

Las redes sociales como veníamos diciendo son un sitio donde su cliente ideal se encuentra en este momento.

La siguiente pregunta que usted seguramente se está haciendo es: "¿Cómo utilizo esta red social que yo tengo para llegar a ese público que está en ese momento compartiendo o viendo fotos dentro de cualquier red social?"

Es aquí donde entran las plataformas publicitarias.

Y antes que nada usted necesita saber cuál es la anatomía de un anuncio persuasivo para las redes sociales.

Tiene que saber que anunciar por anunciar no es algo que funcione. Así como el vender por vender. Debe de tener una estrategia, sobre todo si usted sigue esos secretos, esos tips y esas estrategias para que los anuncios realmente le representen grandes resultados en su negocio.

Lo primero que usted debe tener, al igual que una página de captura, es un titular llamativo.

La mejor opción es utilizar su imán de prospecto como anuncio publicitario en las redes sociales.

Recuerde que usted está tratando de ganarse la confianza de un desconocido que nunca le ha escuchado, que no sabe quién es usted ni su marca, no sabe qué es lo que su empresa hace... usted necesita convertir a ese desconocido en un "conocido" (prospecto).

Es el equivalente a que usted vaya a una fiesta o una biblioteca o bar y se acerque a una mujer y quiera conocerla. Tiene que generar esa confianza, y es ahí cuando el imán de prospecto entra a jugar.

Lo que usted hace, en lugar de promocionar directamente su producto o servicio, que es como ponerle una nota a la señorita y decirle: "¿Te quieres casar conmigo?" o ir donde ella y hacerle este tipo de oferta, es ofrecerle algo diferente. Le ofrece salir, un café, le ofrece algo.

Así crea un titular que llame la atención de la persona y que le incite a visitar su página de captura para que accedan a su imán de prospecto.

Recuerde, una vez tenga la información de contacto de sus prospectos, va a utilizar la herramienta del auto-respondedor para realizar el seguimiento automatizado, para que esos prospectos finalmente se vuelvan sus clientes.

En este anuncio en vez de hablar de usted y de su empresa, tiene que hablar de la situación específica en la que ellos (sus prospectos) se encuentran.

Hemos visto muchos ejemplos, pero sólo para entenderlo un poco mejor y que le quede sumamente claro, déjeme contarte una historia.

Antes, cuando estaba enfocado en vender mi curso de "Domina tu vida", un curso acerca de productividad muy famoso en todo el mercado hispano, había tratado de venderlo diciendo lo genial que yo era. Hasta tuve la oportunidad de ir a canales de televisión, entrevistas en radio y yo era un gran experto. De hecho, soy aún un gran experto en el tema de la productividad.

Lo que yo hacía normalmente cuando creaba un anuncio era decir algo por el estilo: "Tengo el mejor curso de organización del tiempo, he sido entrevistado por las mejores y las más importantes cadenas radiales y televisivas". Pero a fin de cuentas en algún momento entendí, a raíz de una conversación con uno de mis mentores, que eso a la gente no le importa.

A la gente no le importa quién soy yo. Es más, le hago una pregunta: ¿a usted en realidad le importa lo que yo haya vivido, lo que haya estudiado, lo que yo sepa o no? Lo que a usted le interesa que es cómo puedo aportarle a usted, cómo le puedo ayudar a lograr los resultados que a usted le interesan.

Asimismo a sus clientes no les importa ni usted, ni su empresa, ni su marca. Sólo tiene que tenerlo muy claro.

A sus clientes lo que les interesa son sus resultados, quitarse el dolor que están teniendo en ese momento, aliviar ese dolor, llegar al destino deseado. Cuando digo dolor no me refiero sólo a dolor físico o emocional, acá usted se da cuenta de que cualquier producto/servicio es una forma de aliviar el dolor, igual que conseguir acercar a la persona hacia un resultado o hacia una meta.

Cuando me di cuenta de que debía hablar de ellos, de mis prospectos, lo que hice fue empezar a hablar más de mi cliente, de mi público objetivo, de lo que ellos tenían.

Ya mis anuncios decían: "Si tú quieres ser dos veces más productivo, entonces haz clic acá y descarga este formato de horario en Excel gratis para que puedas organizar mejor tus días y mejorar tu productividad".

En este ejemplo no estoy hablando absolutamente nada de mí, estoy hablando de mi prospecto, de cómo eso que yo le estoy regalando le va ayudar a duplicar su productividad y a ser más organizado en su vida diaria.

Los cambios en los resultados fueron extremadamente impresionantes. Las personas empezaron a responder muchísimo más, muchas de las personas descargaban el horario en Excel.

Estaban más interesadas en mí y en mis productos y ya la confianza era diferente, se generaban más ventas en nuestros programas de organización del tiempo.

Ahora, algo que también le va a traer muchos resultados, es hablar en términos de curiosidad, en términos atrevidos. Es decir, su publicidad debe ser atrevida, picante, generar controversia, algo que a la gente realmente le impacte y llame su atención. No sólo llamar la atención por llamarla, sino que también hacerla de una forma diferente.

De hecho le cuento otra historia que me pasó recientemente con uno de mis mentores. Me llegó a mi correo, no al electrónico, a mi correo postal, un paquete transparente que contenía un brochure y unas esposas de las que utilizan los policías para amarrarle las manos a los delincuentes y a las personas que capturan... sí, unas esposas.

"Pero yo nunca pedí unas esposas, se debieron confundir" pensé para mí. Pero era mi nombre completo y mi dirección, Entonces, después me dije: "¿Qué demonios es esto?" Y noté que eran unas esposas de juguete.

Naturalmente, no eran de verdad, tenían sus llaves, etc. Y además tenía un brochure invitándome a un seminario de marketing en Estados Unidos. El título era "Escápate de los altos costos publicitarios".

Simbolizaba que uno está amarrado con unas esposas y ellos tienen la llave para que usted la ponga y se escape de ellas y pueda salir.

Le doy sólo ese ejemplo porque, al igual que ésta, su publicidad tiene que ser creativa, inspiradora, generar ese tipo de emociones. Eso es lo que hace que su publicidad sea efectiva, que funcione.

Descripción llamativa

Una descripción llamativa es lo siguiente que la persona verá de su anuncio en las redes sociales. De hecho, después del titular, es uno de los principales elementos que la gente va a ver.

Lo que normalmente sucede es que ese texto de la descripción del anuncio, al igual que el del titular, es muy corto, mucho más corto que los mensajes de Twitter. Y es donde usted necesita escribir los beneficios o lo que las personas van a empezar a recibir en el momento en que vean su anuncio.

"Este reporte gratis le va a ayudar a perder cinco kilos en menos de 20 días" o "Este formato gratis le ayudará a organizar mejor sus días y ser doblemente productivo" "Esta serie de videos gratuitos le ayudará a duplicar sus ventas en 21 días o menos".

Esa descripción lo que hace es acompañar a su titular y le da un mayor "empuje", un mayor alcance y más fuerza a su anuncio para que genere los resultados que usted está buscando.

Imagen poderosa

Ahora le mostraré unos ejemplos de qué imágenes le pueden llegar a funcionar mejor. En su mayoría son imágenes que llaman la atención al estar en la página de inicio de la red social en donde está la persona.

Si tomamos Facebook como ejemplo, usted se puede dar cuenta de que la página de inicio tiene un fondo blanco y utiliza muchos textos negros y azules.

Si usted pone una imagen amarilla o rosa puede llamar la atención. Pero si pone una blanca con letras negras, se "camuflará" entre todo y se "perderá" por completo.

La imagen tiene que llamar la atención teniendo en cuenta los colores de su marca.

Llamado a la acción claro y directo

En cualquier esfuerzo de marketing directo digital usted necesita este componente (quizás uno de los más olvidados): un llamado a la acción claro y directo.

Éste debe ser igual que el botón de página de captura que analizamos en la sección anterior: "Haz clic acá ahora y recibe X y Z" "Pide tu cita ahora haciendo clic acá", "reclama tu producto ya llamando al XX-XXX-XXX".

Usted tiene que ser muy claro siempre con las personas que va a tratar de influenciar porque la claridad es sinónimo de que la persona sabrá cómo avanzar.

Recuerdo que en la universidad, cuando estaba estudiando, compré un paquete de papas, patatas fritas. Me acuerdo que lo tomé, lo miré por detrás y estaban las instrucciones de cómo comer los snacks en cuatro pasos:

"1 Mezclar el paquete.

2 Tomar los dedos y abrir el paquete.

3 Tomar una papa con tus dedos, o con tu mano.

4 ponértelo en la boca y disfrutar".

Yo decía que para mí, eso es obvio. ¿Para qué lo ponen allí? Es una estupidez (pensé mí mismo).

Pero una de las cosas de las que después me di cuenta más adelante en la vida, es que a menos de que usted le diga claramente a las personas qué es lo que usted necesita que su público haga, no lo van a hacer. Las personas necesitan instrucciones claras y directas.

No sólo diga: "Estamos en descuentos del 50%" porque eso no es un llamado a la acción claro.

"Estamos en descuentos del 50%, haz clic acá y visita nuestra página para hacer efectivo tu descuento" o "Ve a nuestra tienda que queda ubicada en XXX dirección para aplicar los descuentos" o "Envía un mensaje de texto a XYZ", o "Envía un correo electrónico a". Tiene que ser muy claro en el llamado a la acción. Es supremamente importante.

Y finalmente esta la congruencia de destino.

Eso es algo sumamente importante. El anuncio debe ser congruente con el destino del anuncio en términos de copywriting (mensaje escrito) y en términos visuales.

Si la persona que llega a su página de captura ve algo diferente a lo que vio en el anuncio se va a crear una desconexión.

Este es un ejemplo de una campaña que hicimos hace mucho tiempo y este es el anuncio que las personas vieron en Facebook:

El anuncio contiene los cuatro elementos que estuvimos hablando.

El titular si se da cuenta es el que está debajo de la imagen que dice: "Libro de Best Seller gratis".

En la imagen tenemos una fotografía del libro que la persona va a recibir y un botón que dice "descargar gratis". También está acompañada de un logo de Amazon Best Seller y tiene un mensaje en la imagen que dice: "Estos dos jóvenes latinos han dejado con la boca abierta a los más grandes expertos en negocios con lo que revelan en su libro Best Seller".

Le hago una pregunta: ¿genera curiosidad, genera intriga, algo que le pone picante, algo que llama la atención? Sí.

Cuando la persona hace clic en este anuncio va a la siguiente página de captura:

En esta página usted se encuentra con el título que está arriba "Gratis Controversial libro Best-Seller enseña los secretos para el éxito en los negocios" y después en el texto de debajo (Bullet Points): "Este controversial libro de dos jóvenes latinos ha impresionado y dejado en shock a los más grandes gurús empresariales, sus secretos revelan las clave para el éxito empresarial".

Le adelanto un poco y le revelo un secreto de esta campaña. Ya se dará cuenta de que todo lo que decimos en el mensaje tiene tono de noticia, titulares de noticas, fuentes de noticias, el tipo de letra es editorial (el mismo que usan las compañías editoriales).

Ahora tengo una pregunta ¿es congruente el anuncio con la página de destino?

El mensaje es congruente, el diseño es el mismo libro que esta acá. Las letras son similares, el color del botón es similar, los colores son muy similares, entonces la gente se siente en el mismo sitio.

En otro escenario: si alguien hace clic en el anuncio y después va a una página de captura que no tiene nada que ver, por ejemplo de color rojo con letras blancas, donde no se hace mención del libro en absoluto y tuviera un mensaje del estilo: "Nosotros hacemos marketing digital y ayudamos a empresarios a que puedan llegar a más clientes a través de Internet", no es congruente y eso hace que las cosas no funcionen. Que la persona piense (me llevó al lugar equivocado) y haga clic en el botón de "salir para siempre".

Ejemplos de anuncios

Le quiero compartir unos anuncios que hemos realizado y nos han funcionado muy bien tanto para nosotros como para algunos de nuestros clientes.

Este es uno de nuestros clientes y una de las campañas que nosotros hicimos para nuestro cliente:

Nuestro cliente Víctor Capetillo tiene como público perfecto (Avatar de Prospecto) a ejecutivos que tienen un equipo de trabajo y quieren ser más productivos con ese equipo, que quieren ser mejores líderes.

Si usted se da cuenta, la imagen y todo lo demás parece una noticia. Todo es una noticia. Eso se llama publicidad nativa, y en otra oportunidad seguramente le estaré hablando de este tema. De hecho, podría hablar un día entero sólo acerca de publicidad nativa, pero no es el foco de este libro. Entonces lo vamos a dejar para un futuro.

Lo primero que usted se pregunta acá es lo que nosotros le preguntamos en este anuncio a la gente: "¿Eres un líder de un equipo de trabajo? ¿Te gustaría tener reuniones en 10 minutos o menos?"

La descripción dice: "Utiliza este sencillo y rápido método con el cual vas a tener reuniones con tu equipo de trabajo en un máximo de 10 minutos, haciendo que tu equipo sea más productivo, proactivo y funcione más sin tu presencia."

Con sólo un par de días de exposición de campaña consiguió 112 likes y 81 compartidos, además de muchísimos inscritos dentro de su imán de prospecto (la guía). Y varios de esos prospectos se volvieron clientes.

Acá quiero resaltar que, en este punto, en los anuncios de Facebook, no estamos vendiendo nada, estamos ofreciendo nuestro imán de prospecto gratis, porque nuestra intención no es vender en ese momento, sino que las personas se inscriban en nuestro sistema, conseguir la mayor cantidad de prospectos posibles para hacerles seguimiento y convertirlos en clientes.

En este punto, le muestro uno de los diferentes resultados y eso es simplemente con la plataforma de Facebook.

Usted puede ver que en la primera imagen dice "1276 conversiones". Una conversión es cuando una persona se vuelve su prospecto, es decir, de esta campaña podemos decir que obtuvimos 1276 nuevos prospectos registrados dentro de nuestro sistema de auto respondedor. Eso es en cuestión de pocos días.

Y lo mejor de todo es que estamos pagando por conversiones, es decir, si nosotros tenemos sólo 1276 conversiones, nosotros vamos a pagar un precio por cada una de ellas. Si una persona entra en esa página, o incluso hace clic pero no se convierte en prospecto, entonces nosotros no pagamos por esa persona. Sólo pagamos por prospectos cualificados dentro de nuestro sistema

Imagínese que usted sólo paga por la cantidad de nuevos prospectos cualificados que ingresaran en su sistema, ¿cómo cambiaría su negocio?

Esta es una campaña de otro de nuestros clientes:

Son 2092 conversiones (prospectos cualificados) en un periodo de 7 días y básicamente ese el mismo principio del que estábamos hablando. Nuestro cliente solo pagó por 2092 conversiones, pero probablemente haya muchísimas más visitas.

Como usted sabe, nunca el 100% de las personas que visitan la página se registran.

Esta es otra estrategia en Facebook que le quiero mostrar. Observe los 1143 resultados de viralidad (entre me gusta, compartidos y comentarios) y un alcance de 26.200 personas.

Esto es un post que hemos realizado para uno de nuestros artículos: "La mejor forma de atraer clientes a su negocio, sabiendo exactamente lo que quieren sus clientes".

Es un post que publicamos en nuestro blog "Cómo leer la mente de su público ideal o de su cliente".

Acá otros anuncios para que le sirvan de inspiración:

SEGMENTACIÓN EN FACEBOOK

Esto es muy importante que usted lo tenga en Facebook o cualquier plataforma publicitaria. Ya que Facebook es la más popular y famosa déjeme guiarlo por su módulo de segmentación.

Esta etapa es muy importante porque cuando usted seleccione adecuadamente su público objetivo en Facebook, empieza a tener extraordinarios resultados porque la oferta que usted está compartiendo es realmente adecuada y está alineada al perfil de las personas que seleccionó.

En la parte superior puede seleccionar su público por su ubicación geográfica. Sea país, región, estado, departamento, ciudad o, en muchos, casos partes de una ciudad en específico.

La siguiente es el rango de edad y género.

Luego aparecen las características psicográficas o lo que Facebook llama "Comportamiento e intereses". Por ejemplo, si tienen un título profesional, si tienen un empleo, si son asistentes administrativos, si son gerentes, directores financieros, nivel de educación, estado civil etc., etc.

Segmente, segmente, segmente y segmente es el consejo que le puedo dar.

SU PLAN DE REDES SOCIALES

Recuerde, lo primero que debe hacer es decidir cuál o cuáles son las redes sociales en las que usted y su empresa necesitan estar.

Recuerde la palabra clave, la pregunta que usted puede responderse primero es ¿dónde está mi público objetivo?

El siguiente paso es decidir qué tan frecuentemente va a publicar contenido y ofertas en las redes sociales, es decir, que usted tenga una combinación de diferentes cosas: de contenido y de ofertas.

Habíamos dicho recientemente que las ofertas son incluso también contenido, pero en este momento ¿a qué me refiero con contenido? Que ese contenido eduque y enseñe a los prospectos. Por ejemplo, el imán de prospecto es un contenido de educación donde usted está ganando prospectos y está construyéndolos de una forma para que le puedan representar mejores oportunidades a largo plazo, convertirlos en clientes.

Y lo mejor que puede hacer en este punto es un cronograma de publicación de contenido y anuncios. Que usted sepa exactamente por adelantando qué días va a estar publicitando, qué productos, qué días va a estar promocionando diferentes contenidos.

Vamos a tomar el mes de Junio.

En Junio, por ejemplo, en la primera semana, empezando del 1 hasta el 7, vamos a regalar este imán de prospecto. Luego en la segunda semana vamos a promocionar el producto 1 y lo vamos a poner con 50% de descuento.

Cuando usted tiene definido ese cronograma de publicación y anuncios, usted ya puede tener un cronograma muchísimo más claro de su estrategia de redes sociales.

Otro de los consejos que le doy es la creación del contenido de "backup", de respaldo. Es decir, que si usted necesita escribir dos artículos al mes, usted esté adelantado y tenga más de los que necesita.

Nosotros publicamos al menos una vez a la semana y estamos adelantados con un mes de contenido por lo menos.

Lo que hacemos es que hoy ya tenemos el contenido listo para el siguiente mes, listo para ser publicado y promocionado... siempre vamos por delante, y usted también necesita estarlo.

CAPITULO 5
POSICIONANDO SU MARCA EN EL CIBERESPACIO

Ya para este momento, tenemos un gran panorama desde la vista del helicóptero, donde nos fuimos varios cientos de metros hacia arriba. Vimos cuáles eran los pasos necesarios para que usted pudiera establecer este sistema de marketing digital que le permitirá generar demanda y crear una base de clientes que le genere a usted la calidad de vida que está buscando.

Desde el capítulo anterior, hemos estado aterrizando el helicóptero y yéndonos un poco a la selva, para ver cuáles son los materiales o diferentes elementos que nosotros tenemos que tener en posición para que esto no sólo empiece a tener sentido, sino también para que genere los mejores resultados dentro de toda la estrategia que estamos implementando en su negocio.

Lo primero que debe saber es que el posicionamiento de marca nosotros lo vemos desde diferentes aspectos.

El primer pilar fundamental del posicionamiento de marca a través de Internet es la construcción de confianza en Internet.

Verá, cuando usted está hablando a través de Internet, la gente normalmente está prevenida. De hecho, usted cuando nos conoció a nosotros, estaba un poco prevenido porque no sabía quiénes éramos, si le íbamos a estafar, si le íbamos a dar lo que prometíamos etc.

Y quiero que sepa que la gente, al igual que usted, también va a estar así, porque en cierta forma está en el inconsciente colectivo de las personas el que Internet es "inseguro" y hay que estar prevenido.

Lo siguiente que también es importante establecer es que la construcción de confianza es un proceso por el cual cualquier relación necesita pasar, independientemente de que sea una relación física, donde usted conoce a la persona, le da la mano, la saluda y se la encuentra todos los días, o si es una relación por Internet, por medio de la plataforma que sea.

La confianza es un proceso necesario para el éxito de las relaciones humanas. Y mucho más si estamos hablando de ventas y de que usted está interesado en vender su producto o su servicio a través de Internet. Esa construcción de confianza es muy importante realizarla y hacerla de la mejor forma posible... e incluso en piloto automático.

Antes de continuar con el tema, simplemente le quiero compartir algo que ya hemos venido tocando un poco, pero que es gran parte de los pilares y de los fundamentos que nosotros siempre tenemos en cuenta en la Organización Mundial del Éxito y en todas nuestras enseñanzas. Y es en relación al posicionamiento de marca.

El posicionamiento de marca, como las grandes empresas lo hacen, es el ejemplo que vimos hace unos capítulos atrás de Goodyear. Se trata de que la marca está posicionada en la categoría de producto o servicio.

En el momento en que usted piensa en una categoría de producto o servicio, automáticamente asociará la marca.

Si yo le pidiera que me diga una marca de vehículos, seguramente en su mente va a aparecer una lista de diferentes marcas. Pensará en Mercedes Benz, BMW, Kia, dependiendo del país donde se encuentre.

Pero independientemente de cuál sea el orden y cuales se le aparezcan, hay algunas que aparecen.

Entonces el proceso que hemos de construir del posicionamiento de marca en estos casos es que cuando la persona piense en una categoría de producto o servicio, su marca sea la que aparece de primeras.

Si yo pienso en auto, y pienso en BMW, Mercedes Benz o lo que sea, lo que esas empresas están jugando es a estar en todos lados para que cuando yo necesite ese producto (en este caso el carro) me acuerde de su marca y vaya por ellos.

Si se da cuenta, ellos no hacen marketing directo, que es lo que nosotros le estamos enseñando, y realmente no es algo que ellos estén haciendo mal. De hecho, el error sería de nosotros como empresas pequeñas y medianas imitar a esas grandes compañías que tienen cientos de millones de dólares para invertir mensualmente en medios fuera y dentro de Internet.

Cuando tiene un par de miles o una decena, o incluso solo cientos de miles de dólares para invertir en publicidad, el juego tiene que ser diferente.

El juego al que vamos a apostarle y que vamos a construir es posicionar su marca en la mente de las personas que en este momento están necesitando su producto o sus servicios.

Imagine que pudiera posicionar su marca sólo en la mente de las personas que en este momento están necesitando su producto/servicio o que en un futuro muy cercano lo van a necesitar.

Si usted se ha dado cuenta, la forma en que nosotros nos empezamos a posicionar en su mente es a raíz de una forma sutil, a raíz de cómo también lo posicionan las grandes empresas, y es a través de la repetición.

Si usted ve en televisión una marca específica, luego la ve en una valla publicitaria, y luego la escucha en la radio, esa marca se está posicionando a partir de repetición. Ese es el principio detrás del posicionamiento de marca.

Coca-Cola está en todos lados, y si usted piensa en una bebida gaseosa normalmente piensa en Coca-Cola.

Usted necesita hacer lo mismo con la categoría de su producto y servicio a través de Internet, a través de una forma mucho más sutil pero mucho más económica y más efectiva.

MARKETING DE EDUCACIÓN

Lo primero que vamos a hacer para posicionar nuestra marca es el marketing de educación.

Como ya vimos anteriormente, cuando usted educa a alguien, usted está siendo alguien que esta posicionándose como una autoridad dentro de la mente de esas personas a las cuales educa.

Por ejemplo, en este momento usted me está leyendo a mí, está adquiriendo mi conocimiento y le estoy enseñando cómo utilizar el marketing digital para hacer crecer su negocio.

Y sólo por ese hecho, instantáneamente, cuando yo educo a alguien, esas personas automáticamente me asignan credibilidad, me ven como una fuente de autoridad.

El niño ve como una fuente de autoridad a su profesor, incluso a sus padres. También el alumno al maestro en la universidad. El empresario ve a un consultor como una fuente de autoridad.

Asimismo, nosotros vemos como fuente de autoridad a cualquier persona que nos enseñe algo en un tema específico.

Por ejemplo, usted vende colchones y dice: "Estos son los cinco factores a tener en cuenta a la hora de comprar un colchón. Primero usted mire que tenga C y B cualidades, segundo mire que los resortes o que material y la tela estén hechos de esta forma…". Cuando usted educa a su público, inmediatamente usted le asigna a esa persona una autoridad inmediata en esta categoría de producto.

Incluso cuando usted ve a alguien en la plataforma de un sitio de conferencias enseñando algo, esa persona sabe de lo que habla y es una autoridad.

Eso es lo que se logra y se construye con el marketing de educación. Es lo que le da a usted esa posibilidad.

Por esta razón es que nosotros decimos que la creación de contenido es muy importante y usted, siguiendo nuestro sistema, está haciendo eso desde el principio, desde el momento que en el que la persona se registra por su imán de prospecto.

Recuerde que el imán de prospecto es un elemento que usted utilizará para educar a su prospecto en relación a un tema específico, para ganar su confianza y posicionar a su marca como una autoridad en la materia.

LOS DETALLES QUE ENAMORAN

Otro de los diferentes elementos que va a hacer que su marca esté posicionada en la mente de esas personas es el seguimiento a través de email.

Y esos son los detalles que enamoran.

Fíjese que esos pequeños detalles son los que crean grandes sentimientos. Si por ejemplo usted ha recibido varios emails de mi parte y mi marca con lo que usted está necesitando, y ha visto nuestra marca, nuestro logo, mi nombre, entonces yo a través de la repetición me estoy posicionando en su mente.

Entonces, ¿qué pasa en el día 1? Ese email se está enviando inmediatamente. El día 2 usted envía un segundo email y en el día 4 manda el tercero y en el día 6 manda el cuarto.

Note que en tan sólo seis días y siguiendo este simple modelo, la persona ha tenido cuatro contactos con usted y su marca; ya sabe quién es usted, ha visto su marca, su logo, su empresa.

Ya automáticamente se está posicionando por encima de su competencia, porque su competencia le aseguro que no está haciendo esto. Lo que normalmente hace es simplemente tratando de vender de frente y de forma directa sus productos o sus servicios a través de Internet... ¡grave error!

Como ya vimos anteriormente una de las mejores formas de posicionarse como una autoridad en la mente de sus prospectos y clientes es la creación de contenido en su blog, en forma de videos, texto, audios, imágenes o en cualquier otro formato que a su público le guste consumir.

Esto es para que usted y su marca puedan posicionarse como autoridades, y logre ser esa marca que en realidad está preocupada por enseñarles a las personas cómo tener éxito en el área en la que su producto/servicio se desempeña.

LA ESTRATEGIA DEL "BOOMERANG"

Ahora le quiero compartir una de las estrategias y las tecnologías más avanzadas en el mercado. De hecho, es muy reciente y está revolucionando la manera en la que usted puede hacer marketing digital para su negocio.

Se llama: retargeting.

El concepto en sí se llama re-marketing y re-targeting es una forma de re-marketing.

Esto lo que en otras palabras significa es que usted va a poder hacer que su marca sea omnipresente y "persiga" a sus prospectos por todos lados.

Le hago el siguiente supuesto: imagine que su cliente fuera a su tienda física de relojes. Por ejemplo, su marca de relojes se llama: Tiempo.

Imagine que hoy una persona llega a su tienda interesada en un reloj Tiempo. Lo mira, lo saca de la caja, lo analiza y después dice: "Muchísimas gracias señor, estaba mirando y cotizando los relojes" y se va.

Imagine que después esa persona se sube al carro y enciende la radio, y en la estación de radio está escuchando un programa. Más tarde en la sección de comerciales sale un anuncio que dice: "Relojes Tiempo, los mejores relojes en tu ciudad".

La persona dice: "La misma marca de donde acabo de salir", y entonces la persona va manejando su vehículo y para ante un semáforo y ve una valla publicitaria que dice: "Relojes Tiempo". Ahora dice, "Wow, esta marca es importante".

Llega a casa, abre el periódico y encuentra un anuncio que dice: "Relojes Tiempo" otra vez, y ya dice "Wow, ésta es la súper marca".

Al otro día, esta persona llega temprano a su tienda y dice: "Señor, vengo a llevarme el reloj Tiempo"

Fíjese que esta persona ya ha tenido cuatro contactos con su marca: el suyo, el de la radio, el de la valla y el del diario.

Y ahora, imagine que todos sus prospectos vivieran esa misma sensación y esa misma experiencia a través de Internet. Que le vieran a usted en todos lados y que no tuviera que pagar sumas extraordinarias de dinero para que eso sea posible, sino que usted sólo esté presente para esas personas que son sus prospectos ideales, y que usted esté presente en todos lados, en todo sitio de Internet, a donde sea que ellos vayan...

Eso lo puede lograr a través del re-targeting.

Re-targeting es este proceso:

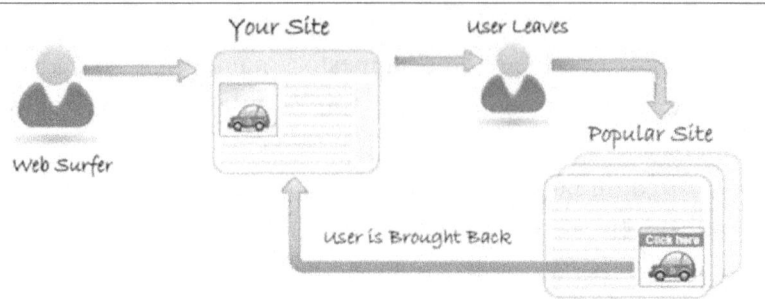

A la derecha dice "Web server". Ese es su público objetivo. Llega a su sitio que es donde está el carro, y una vez está la página web del carro, se instala un pixel, que es lo que está ahí abajo.

En ese momento, ese pixel se instala en el navegador de la persona. Es una tecnológica muy avanzada, de hecho no sabría explicarle cómo funciona, solo sé que funciona y eso es lo importante.

Ahora todas las plataformas publicitarias saben que esa persona visitó ese sitio web. Luego, cuando la persona entre en Facebook, en su cuenta de correo electrónico, en su sitio de noticias favorito, en casi cualquier sitio de Internet va a ver su marca en "todos lados".

Esto es una metáfora; en realidad no sé cómo funciona, pero el asunto es que cuando la persona sale de su sitio web e ingresa en Facebook, después de haber entrado a su página web, verá una oferta o un anuncio en relación con eso que la persona estaba viendo dentro de su página web... Sí, en Facebook, incluso cuando la persona ha salido de su sitio Web.

Luego entra a su sitio de noticias favorito y también le encuentra, se encuentra con un anuncio suyo. Luego entra en otro sitio y también se encuentra con un anuncio suyo. Entonces dice: "Wow, esa empresa está en todos lados, esta marca es importante", y así posiciona su marca a través de retargeting.

Lo interesante de esto es que esos anuncios en esos otros sitios web sólo se le mostrarán a la persona que entre en su sitio web y lo abandone. Por ejemplo, si usted hoy tuvo 10 visitantes a su página web, a esos 10 visitantes exclusivamente son los que van a ver sus anuncios en esos otros sitios web.

De hecho, si usted alguna vez ha intentado comprar algo a través de Internet, por ejemplo en Amazon, cuando usted entra a Facebook, se da cuenta de que luego aparece un anuncio con el mismo producto que usted estuvo mirando. Puede decir: "Qué coincidencia, yo estaba buscando estos audífonos y estos mismos audífonos están aquí en Facebook". No es coincidencia, se llama re-targeting.

Y usted puede utilizar esa magia del retargeting para usted, para su negocio y para su beneficio, para que su marca esté omnipresente y se posicione muy fácilmente en la mente de sus prospectos y clientes.

Esto es lo que comentábamos recientemente acerca de por qué la privacidad en Internet ya no existe y que Internet sabe lo que hace y cómo lo hace, porque ellos están registrando todo el tiempo qué sitios visita, cuáles son sus intereses, qué ha hecho y qué no ha hecho.

Si usted tiene su cuenta de Facebook abierta y entra a la Organización Mundial del Éxito a ver nuestra Guía de avalancha de clientes o cualquier otro de nuestros productos, lo más probable es que en Facebook usted después encuentre un anuncio con la Guía de avalancha de clientes o con X de nuestros productos (según el que haya visto).

Eso no es coincidencia, eso es tecnología utilizándola a nuestro favor.

LA AUTORIDAD MÁXIMA

Para finalizar esta parte del posicionamiento, lo que quiero compartir con usted es una de las estrategias más avanzada para que usted pueda construir posicionamiento y autoridad.

Y es la publicación de un libro o ebook.

Esta estrategia puede ser aplicada para cualquier tipo de negocio sin importar lo que usted esté haciendo actualmente. La puede ver aplicada en odontólogos hasta grandes consultores, o hasta personas que venden cupcakes, que son los pastelitos que están muy de moda en muchos países, y hasta grandes empresas multinacionales.

Durante muchísimos siglos, los libros han sido el símbolo de autoridad máxima que cualquier persona pueda tener. Y hasta este mismo momento lo sigue siendo y lo va a seguir siendo por muchísimos años más.

Cuando usted ve a una persona que publica un libro, eso le dice que esa persona es un experto en ese tema, ¿verdad?

Fíjese que nosotros hemos hecho eso para mis marcas y mis empresas. Yo lo he hecho tres veces; ahora lo estoy haciendo una cuarta vez con este libro que tiene en sus manos.

Este libro se llama "La nueva felicidad" y lo publiqué cuando inicié en el mercado del desarrollo personal, en busca de posicionarme como un experto en el desarrollo personal y me funcionó muchísimo. Muy, muy bien.

El siguiente libro se llama "El salto cuántico" que es una técnica que estuve enseñando también en el desarrollo personal.

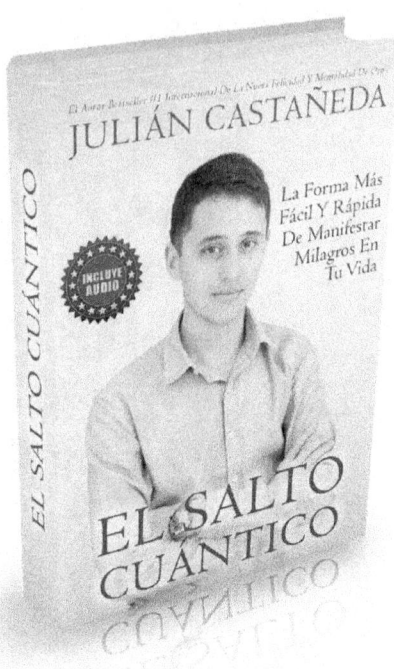

El tercer libro se llama "Mentalidad de oro" y lo publiqué luego de un tiempo de haber empezado con la Organización Mundial del Éxito.

Para utilizar esta estrategia lo que usted debe hacer es simplemente publicar un libro. Y cuando digo "simplemente", usted seguro pensará que publicar un libro probablemente le va a tomar años, tiempo, esfuerzo, inversión en diferentes niveles, etc.

Le quiero compartir algo y es que realmente publicar un libro es algo que se puede hacer en cuestión de meses con un precio de costo muy bajo y con muy poco tiempo de dedicación de su parte. Pero no le diga a nadie, no nos conviene que mucha gente sepa acerca de esto.

Nosotros ofrecemos a nuestros clientes que buscan posicionarse en su mercado como la fuente de autoridad máxima el servicio de publicación de un libro y posicionamiento del mismo como Best-Seller. En realidad lo que hacemos es la estrategia, creación, diseño, publicación, producción del contenido, implementación de todo el sistema que va detrás del libro, porque no sólo es un libro por un libro. Y finalmente la ejecución de la estrategia para promocionarlo hasta alcanzar el nivel Best-Seller dentro de la industria, que como usted sabe los libros Best-Seller incluso generan mucha más autoridad porque son los libros más vendidos.

Simplemente le quiero compartir esta estrategia para que usted la considere dentro de su marketing e independientemente del negocio en que usted se encuentre.

Si de pronto no tiene el presupuesto o el dinero para iniciar con un libro impreso, entonces empiece con un libro digital, pues lo puede crear de una forma muy sencilla.

Éste es uno de los que lanzamos hace un tiempo atrás y es de uno de nuestros clientes, Víctor Capetillo, "Liderazgo implacable". Nosotros le estuvimos ayudando con el tema del posicionamiento como Best-Seller en Amazon a nivel internacional y logramos la posición número uno en toda la tienda de español de Amazon durante varios días.

Y eso naturalmente disparó a Víctor en términos de posicionamiento, lo cual le ha dado el reconocimiento como uno de los coaches ejecutivos más importantes del mundo hispano. Está vendiendo sus programas, conferencias, libros y productos "como loco", está activando muchísimos clientes cada mes y cada vez son más y más.

Este es otro libro que le ayudamos a publicar a uno de nuestros mentores: Opher Brayer (catalogado como uno de los mejores 60 mentores de negocios del mundo):

Tradujimos uno de sus libros al español y lo hemos utilizado para posicionar su marca, su nombre y también para atraer clientes a su negocio:

Un libro es autoridad máxima, es una mejor pieza de marketing que un brochure.

Imagínese que usted en lugar de entregar un brochure a uno de sus prospectos, le entregara un libro que usted escribió acerca de un tema, con su nombre en la portada como el autor. Eso es 100 veces mejor que un brochure, que una carta de la universidad, que una tarjeta de presentación.

Un libro le va a abrir una gran cantidad de puertas que ni se alcanza a imaginar.

De hecho, a raíz de esos libros, muchas personas me han contactado a mí para entrevistarme en medios de comunicación, para hacer alianzas, para ofrecerme oportunidades, para contratarme como consultor para diferentes proyectos. De hecho, no se imagina, porque la gente quiere unirse y quiere trabajar con los mejores.

Que usted tenga un libro es un símbolo de que usted es uno de los mejores.

Esta es una fotografía del libro cuando lanzamos "La nueva felicidad" y alcanzó el número uno Best-Seller en "personal growth and inspiration" en la tienda de Amazon. En español, la categoría es "Desarrollo personal e inspiración"

Este libro "Mentalidad de oro" también lo posicionamos como Best Seller #1 en las categorías de "otras lenguas", es decir, el libro número 1 en español y en la categoría de "Éxito Personal"

CAPITULO 6
CAMPAÑAS DE VENTA POR INTERNET.

Usted puede descargar gratis (y como bono de regalo por haber comprado este libro) varios formatos de campañas visitando la URL:

http://organizacionmundialdelexito.com/regalo-lector-plan-marketing

Usted ya ha visto hasta este momento en las secciones anteriores, toda la teoría y los diferentes ejercicios y acciones que usted tiene que tomar para construir ese sistema de marketing digital que le permita a usted y a su negocio automatizar la atracción de clientes, prospectos cualificados, ventas, mejores ingresos y más tiempo libre para que disfrute con su familia.

En esta sección, le voy a estar dando modelos, plantillas, ideas para que usted simplemente las implemente en su negocio... para que las pueda "copiar y pegar"

Ésta es una de las grandes ventajas que usted tiene por haber adquirido este libro, y es que esas campañas ya han sido probadas en diferentes mercados, tanto por nosotros como por nuestros clientes. Y eso le asegura que los resultados sean muchísimo más poderosos y certeros.

No estará probando una teoría que funciona muy bien en el papel pero no muy bien en la realidad; va a implementar una campaña que funciona muy bien en la realidad y le generará grandes resultados.

FIDELIZANDO CLIENTES DE POR VIDA

La primera campaña se llama "la Carta de bienvenida perfecta".

Esa carta es una campaña que usted puede ejecutar para clientes actuales o clientes que compren X productos o servicios de aquí en adelante.

El objetivo es que los clientes no sólo compren un producto/servicio de su empresa sino que compre múltiples.

Existen dos versiones de esta campaña:

La primera es entregar la carta a personas que ya son sus clientes, que ya han comprado en el pasado. Y la segunda es empezar a entregar la carta para que se vuelvan sus clientes a partir de hoy en adelante.

Esto funciona porque es un proceso que nosotros llamamos "resultados continuos".

Consiste en que cuando las personas compran algo, están iniciando un proceso hacia una serie de resultados que van a alcanzar, y es en ese momento en que usted tiene la oportunidad de venderle algo adicional que complemente el camino que ya inició.

Si la persona compró un vehículo y usted le dice: "Seguramente usted quiere que su vehículo cuente con 2 airbags, con un seguro adicional o que le instalemos un sistema de GPS, o DVD para que sus hijos puedan ver películas mientras usted está conduciendo".

Siempre hay algo adicional que usted les puede ofrecer a las personas una vez hayan comprado su producto o servicio.

Esa carta de bienvenida perfecta es justo esa forma de hacer la "venta". Y es algo que hacemos siempre en cualquiera de nuestros negocios.

JULIAN
CASTANEDA

[Nombre],

Muchas Gracias Por Tu Compra.

Solo quería asegurarme de escribirte una carta agradeciéndote por tu
reciente inversión en ti mismo en el programa El Salto Cuántico.

Es una decisión muy sabia de tu parte, tienes mi compromiso y mi palabra
que esta decisión que tomaste va a marcar una diferencia profunda en tu
vida y en todo lo que estás buscando lograr.

Esta poderosa técnica en la que ahora vas a ser un total experto, le ha
permitido a muchos de mis clientes desde superar graves problemas de
salud hasta alcanzar resultados financieros fantásticos... y todo en tiempo
record. Y eso solo significa que a ti también te va a brindar resultados
extraordinarios desde el primer momento que la empieces a aplicar.

Como muestra de nuestro aprecio y agradecimiento (de mi equipo y el mío)
te regalamos acceso totalmente gratis a mi libro "El Salto Cuántico, La
Forma Más Fácil Y Rápida Para Manifestar Milagros En Tu Vida" y a los 3
bonos que incluí con su lanzamiento.

Simplemente ingresa en el siguiente enlace y tendrás acceso inmediato:

http://juliancastaneda.net/index.php?/register/CDKRfn

De nuevo, muchas gracias por confiar en nosotros y por tu compra,

Att,

Julian C

Por ejemplo esta es una carta que le envié a una persona que se llama Juan, que compró uno de mis entrenamientos de desarrollo personal: "El salto cuántico". Tenga en cuenta que esa persona pagó por este entrenamiento $3.500 dólares.

Y lo que dice la carta es:

"Apreciado Juan,
Muchas gracias por tu compra.

Solo quería asegurarme de escribirte una carta agradeciéndote por tu reciente inversión en ti mismo en el programa El salto cuántico. Fue una decisión muy sabia de tu parte, y te doy mi compromiso y mi palabra de que esta decisión que tomaste va a marcar una diferencia profunda en tu vida y todo lo que estás buscando lograr".

Esta poderosa técnica en la que ahora vas a ser un total experto, le ha permitido a muchos de mis clientes superar graves problemas de salud hasta alcanzar grandes resultados financieros. Y todo en tiempo récord.

Y eso sólo significa que a ti también te va a brindar resultados extraordinarios desde el momento en que la empieces a aplicar.

Como muestra de nuestro aprecio y agradecimiento de mi equipo y del mío, te regalamos acceso totalmente gratis a mi libro "El salto cuántico", la forma más fácil y rápida para manifestar milagros en tu vida. Además de los tres bonos que incluí con su lanzamiento, cuando ingreses en tu zona de miembros, encontrarás el libro y los bonos de regalo listos y dispuestos para ti.

De nuevo, muchas gracias por confiar en nosotros y por tu compra."

Acá hay un elemento que no está incluido. La razón es porque en ese momento no conocía esta estrategia que le voy a compartir hoy.

Fíjese que yo en esta carta de agradecimiento, que usted debe enviarle a cada nuevo cliente para ganar incluso más su confianza y predisposición a comprar más de usted en el futuro, al cliente le estoy dando un bono adicional de regalo. Un bono adicional significa que le estoy dando un regalo de algo que complementa la compra que esta persona ya hizo.

En este momento, cuando la persona hizo esa compra, nos dimos cuenta de que pudimos adicionar este libro y estos bonos de regalo para que fueran mejores los resultados que este cliente pudiera obtener.

Ahora, aplicar la técnica de la historia que le estoy a punto de revelar, es decirle en el siguiente párrafo después de agradecerle:

"Y como ya iniciaste este camino Juan, uno de los mejores recursos que yo te puedo recomendar para acelerar este proceso y conseguir mejores resultados es adquirir el "paquete cuántico" el cual está compuesto por XYZ

Normalmente nosotros vendemos este paquete $297 dólares, pero el día de hoy y en señal de agradecimiento y porque realmente quiero ayudarte entonces te lo estoy dejando por tan solo 127 dólares. Para conseguir esta oferta, simplemente haz clic acá o llama a mi asistente al número XX-XXX-XXX"

Ahora esta carta de bienvenida está sirviendo para dos objetivos.

Primero que todo le está volviendo asegurar a su cliente que la decisión que hizo fue una decisión sabia, le está felicitando, le está agradeciendo, le está dando un toque personal y de construcción de relación a su cliente.

También le está dando la opción de que avance muchísimo más rápido en el proceso a raíz de la oferta que usted está ofreciéndole adicionalmente en esa carta de agradecimiento.

Esta carta de bienvenida perfecta la puede entregar de forma impresa a cada uno de sus clientes o la puede enviar a través del e-mail.

GANANCIA – LÓGICA - MIEDO

La siguiente campaña que quiero compartir con usted se llama "Ganancia, lógica y miedo".

¿Por qué ganancia, lógica y medio?

Porque son los tres conceptos psicológicos más poderosos por los cuales las personas toman decisiones de compra, y son los que vamos a utilizar para una campaña de email marketing de tres emails. Esto nos sirve para vender idealmente el señuelo, es decir, productos de bajo valor.

Acuérdese de que hablamos bastante de los señuelos en el artículo número tres. El objetivo es convertir a la mayor cantidad de clientes al inicio de la relación.

¿Cómo funciona esta campaña?

Email 1.

ORGANIZACIÓN
MUNDIAL DEL ÉXITO

Ayer pediste nuestra:

"Campaña De Email Marketing Para Aumentar Las Ventas De
Tu Negocio"

Y solo pasaba para asegurarme que la hubieras leído y que ya hubieras
empezado a enviar los emails que allí te regalamos.

Y Más importante, asegurarme de que hubieras visto esto:

http://organizacionmundialdelexito.com/op/email-marketing-automatico

Si en realidad quieres atraer más clientes para tu negocio a través
de internet y el email marketing... todo de forma automatizada y
utilizando una estrategia probada y que funciona, entonces este
es el mejor primer paso.

No sólo funciona de maravilla, por tan solo $7 dólares de
inversión empezarás a ver un aumento notable en tus ventas...

Así que tómalo ahora mientras puedes en:

http://organizacionmundialdelexito.com/op/email-marketing-automatico

Este precio no estará disponible por mucho tiempo, así que "agarra"
tu cupo ahora mientras está oferta sigue estando disponible

Hablamos pronto,

Julian C

Director O.M.E

En este email le estoy hablando a la persona de lo que va a ganar al tener el sistema "Guía para atraer una avalancha de clientes a su negocio en 21 días o menos"

En otras palabras, le estoy diciendo: "Con esta oferta, con este señuelo va a ganar esto. También vas a ganar esto, y también vas a ganar esto específicamente".

Al siguiente día, si la persona no ha comprado, entonces le envió otro email, que es de lógica.

ORGANIZACIÓN
MUNDIAL DEL ÉXITO

Julián

Llámame loco, pero estoy un poco sorprendido que no hayas aprovechado esto:

http://organizacionmundialdelexito.com/op/email-marketing-automatico

Si en realidad quieres **atraer más clientes para tu negocio a través de internet y el email marketing** (Y supongo que quieres porque si no, no hubieras visitado mi web), entonces este es mejor primer paso...

Recuerda, que no solo recibirás el sistema que te enseña el proceso mediante el cual vas a atraer clientes llamándote y pidiendo comprar tus productos y/o servicios de forma fácil, consistente, rápida y garantizada; sino que también te dará el impulso que necesitas para lograr mejorar tu calidad de vida por medio de tu negocio.

Así que **HAZLO AHORA** antes de que se pierda esta oportunidad:

http://organizacionmundialdelexito.com/op/email-marketing-automatico

Hablamos pronto

Julian C

Director O.M.E

P.d: Salta la cerca y empieza AHORA:

http://organizacionmundialdelexito.com/op/email-marketing-automatico

En éste le doy las razones lógicas de por qué esta oferta es una gran oportunidad para que mi prospecto la aproveche.

Le estoy dando la razón lógica de que es muy económico, de que puede obtener este sistema por tan solo 9 dólares

Ahora otra relación a la lógica dentro del email:

"Este precio no estará disponible por mucho tiempo, así que lógicamente agarras tu copia ahora mientras esta oferta sigue estando fresca."

Si la persona no compró el señuelo con ninguno de los dos e-mails anteriores, al día siguiente le llega el de miedo.

El email de miedo no tiene la intención de hacerle sentir miedo a la persona, sino simplemente de que la persona vea que esa oferta ya va a desparecer y por el "miedo" de perderla tome acción y compre.

Si, esta es prácticamente tu última oportunidad de obtener la "Campaña de Email Marketing Para Generar Ventas En Piloto Automatico" a este precio:

http://organizacionmundialdelexito.com/op/email-marketing-automatico

Luego de unos días este precio aumentará a $47 dólares, así que "agarra" tu copia ahora, porque es probable que no vuelvas a ver esta oferta de nuevo (A este precio) por mucho tiempo.

Buena suerte,

Julian C

Director O.M.E

P.d: Recuerda, que no solo recibirás el sistema que te enseña el proceso mediante el cual vas a **atraer clientes llamándote y pidiendo** comprar tus productos y/o servicios de forma fácil, consistente, rápida y garantizada; sino que también te dará el impulso que necesitas para lograr mejorar tu calidad de vida por medio de tu negocio.

Así que **HAZLO AHORA** antes de que se pierda esta oportunidad:

http://organizacionmundialdelexito.com/op/email-marketing-automatico

Este email genera un poco de "miedo", genera esa sensación de urgencia, de que esa oportunidad se va a ir para siempre y por eso debe aprovecharla ahora.

Acá le decimos a la persona que esta oportunidad va a desaparecer muy pronto que sino la aprovecha el día de hoy se va a perder para siempre.

Esta campaña debe seguir la secuencia psicológica paso por paso. En el primer e-mail usted le debe a decir a su cliente qué es exactamente lo que él/ella va a ganar al aprovecharla.

En el segundo e-mail le explica las razones lógicas de por qué debería aprovechar la oferta ahora.

Y finalmente, en el tercer e-mail debe decirle a las personas que su oferta desaparecerá a menos que la persona tome acción y compre su producto o servicio.

MÁQUINA DE GENERACIÓN DE DINERO DE 4 DÍAS

Esta campaña es ideal para activar prospectos a los cuales ya les hizo una oferta pero por alguna razón no la han adquirido, no le han comprado aún.

Imagine que usted tiene una oferta muy interesante en su producto principal, su producto estrella, y quiere incentivar las ventas de ese producto en un determinado momento.

Digamos que usted tiene una lista de prospectos, recuerde que no son clientes, si no prospectos que ya han visto este producto y que no han querido por diferentes razones comprar su producto/servicio.

Lo que usted hace es organizar una campaña de 4 emails para que usted pueda mover a esos prospectos que ya vieron su producto pero que no se decidieron a comprarlo.

La estrategia es ofrecer un gran descuento, el máximo que usted se pueda permitir, y dar bonos adicionales de regalo.

Por ejemplo, usted lo que hace es simplemente dar un descuento adicional a ese producto y además dar regalos que normalmente no da con esa oferta.

Está incluyendo tres elementos psicológicos muy importantes.

El primero es un descuento. Los descuentos hacen que las personas tomen acción y compren productos y servicios ya que sienten que están adquiriendo el mismo producto pero que se lo están llevando con una menor inversión económica.

También es necesario que entregue bonos adicionales de regalo a las personas que adquieran esta oferta. Recuerde que, al igual que un imán de prospecto, la idea del bono de regalo es que sea algo que no le cueste dinero. Un ejemplo puede ser: un tutorial de cómo utilizar el producto, de recetas si escribe algo en relación con la comida. Cosas que no le cueste a usted producir, sino que sea informaron valiosa para las personas.

Y finalmente esta oferta debe tener una duración de máximo cuatro días, es decir, que durante estos cuatro días las personas van a poder acceder a su producto o servicio con descuento y con los bonos adicionales de regalo. Pero una vez pasado este periodo de tiempo, la oferta debe desaparecer.

Porque una oferta que dure para siempre no es una oferta interesante. Por eso es que usted ve en las grandes almacenes de cadenas en su país hacen ofertas "válido sólo hasta el viernes X de X mes". Y eso hace que mucha gente se mueva, porque es una fecha en la que la oferta se acaba.

Le voy a dar el ejemplo de "Domina tu vida" (uno de mis programas acerca la organización del tiempo y la productividad) en una campaña que yo hice.

Le voy a explicar toda la historia detrás de esa campaña y cómo nos fue en términos de ventas que generamos a raíz de eso.

Ese Julián sonriente de la foto con un folder, lo que está leyendo en ese momento es un folder con más 80 y algo páginas de puras cartas y mensajes de personas que me escribieron por mi cumpleaños.

Esa fue una sorpresa que me organizo mi asistente personal hace un tiempo por mi cumpleaños.

Lo que ella hizo fue que a escondidas mías, envió unos emails a mis clientes y a mis seguidores y les dijo que yo estaba en los próximos días cumpliendo años y que ella quería darme una sorpresa.

Les dijo que los que quisieran enviar un mensaje de felicitación le enviaran un email. Luego lo que hizo fue imprimir todos esos mensajes, y ya que ella vive en una ciudad diferente y distante a donde yo vivo, me envió este folder con todos los mensajes impresos a través de la correspondencia.

Este paquete me llegó justo el día de mi cumpleaños y fue una sorpresa muy bonita.

A raíz de eso creé una campaña, no sólo por el cumpleaños, sino porque quería activar a muchos prospectos en mi programa "Domina tu vida".

Lo que hice fue decirles a las personas "Mira, recibí tu mensaje de cumpleaños, y estoy muy agradecido. Entonces, sólo por decirte gracias y porque estoy celebrando mi cumpleaños quiero darte un regalo. El regalo consiste en lo siguiente: estoy dando mi curso al 50%, es decir, a mitad de precio".

Usted va a ofrecer el descuento que usted se pueda permitir, el máximo. Yo me puedo dar el lujo de ofrecer el 50% porque a mí un curso no me cuesta nada venderlo, en el sentido en el que no tengo costo de producción, ni material de envío ni nada por el estilo... es un curso digital.

Pero si usted está vendiendo un producto físico, seguramente va a tener unos costos de producción, de mantenimiento, de distribución de lo que sea. Entonces analice muy bien sus costos y mire cuál es el máximo descuento que usted se puede permitir, ya sea un 10, 20, 30 o 50%. El máximo que usted se pueda permitir.

Yo ofrecí el descuento y ofrecí cinco bonos de regalo como se puede estar dando cuenta en los emails, es decir, no sólo ofrecí 50% de descuento, sino que además ofrecí 5 bonos de regalo.

Esta oferta terminaba en un día X y esos son los emails que yo estoy enviando.

Y es la campaña que usted debe enviar. Recuerde que son para personas que ya han visto el producto y no le han comprado, no son para personas nuevas porque en este ejemplo las personas ya han visto que el curso cuesta 197 dólares y se está ofreciendo en la mitad o en menos de la mitad, se le está ofreciendo por 97 dólares.

En ese momento, cuando una persona ya vio algo que quiere pero que por alguna razón no lo ha comprado y lo está viendo con descuento, y además lo está viendo con unos bonos de regalo, se convierte en una oferta irresistible.

Usted dice:

"Yo sé que en el pasado usted ha visto este producto, este servicio y normalmente el precio es éste, pero por esta ocasión y dadas estas razones yo quiero simplemente darle este gran descuento del X porcentaje y no sólo eso, sino que también le quiero dar los siguientes bonos regalos, que son bonos de regalo que normalmente no ofrezco con este producto o servicio.

Esta única oferta sólo la va a poder adquirir hasta el día X".

CAPITULO 7
MIDIENDO RESULTADOS Y
MEJORANDO EL DESEMPEÑO

Esta es la última sección de todo este libro, donde vamos a ver que pasa después de que usted implementó todo el sistema, empezó a atraer tráfico, a generar prospectos, a generar esa primera cantidad de clientes a través de ese señuelo, obtuvo una gran cantidad de nuevos clientes y los fidelizó de por vida.

Ahora es tiempo de sentarnos y tomar otra vez el helicóptero y volar a lo alto. Volar unos metros hacia arriba para que veamos otra vez el panorama general y ver exactamente cuántas personas se están moviendo dentro de nuestro sistema de marketing digital: cuántos prospectos estamos atrayendo, cuántos clientes estamos convirtiendo, cuántos clientes estamos fidelizando, cuántos prospectos aún no han comprado, cómo están nuestras páginas, estadísticas y qué herramientas necesitamos utilizar para que toda esta información valiosa nos permita tomar las mejores decisiones.

Lo primero que usted tiene que saber es que tiene que tener las herramientas de análisis y analíticas a través de todo el proceso en su sistema de marketing digital.

Ahora voy a compartir con usted cuáles son las estadísticas que usted debe estar mirando día tras día, pues son las claves que se deben tener en cuenta para ajustar y hacer cambios en su estrategia y así obtener mejores resultados.

TRÁFICO HACIA SU SITIO WEB

Ese es un dato muy importante. Necesita saber específicamente cuántas personas están visitando su sitio web. Tenga en cuenta que nosotros hablamos de una decisión bastante importante. Su sitio web es como el centro donde muchas cosas ocurren pero, a la vez, en muchos otros casos necesario que existan otras páginas adicionales al sitio web: las páginas de captura, las páginas de agradecimiento…, algo que ya cubrimos a lo largo de todo este libro.

Otra de las cosas que usted necesita saber es que necesita conocer el tráfico a su sitio web por página específica.

Si usted tiene dos páginas de captura, usted necesita saber específicamente cuántas personas o visitantes está teniendo en la página A y cuántas en la página B.

De hecho, nosotros hacemos un proceso bastante avanzado que recomendamos muchísimo a nuestros clientes y que usted también debería utilizar. Se llama "Split Testing", el cual consiste en testear dos versiones diferentes de una misma página para ver cuál tiene mejores resultados.

Una de las cosas que hacemos es, por ejemplo, probar 2 versiones de la misma página de captura, y en una de ellas lo que hacemos es ponerle un titular diferente. Ya con estadísticas entonces decimos "esta página A tiene X número de visitas y esta B tiene X número de visitas. Ahora la página A tiene este X número de suscriptores y la B X número de suscriptores".

En ese momento podemos saber cuál de esas páginas está convirtiendo más, cuál está generando mejores resultados y cuál de esas páginas representa para nosotros una mejor oportunidad y un mejor activo para nuestro negocio.

Ese es el primer número que usted tiene que mirar: el tráfico hacia su sitio web.

NÚMERO DE PROSPECTOS REGISTRADOS EN EL SISTEMA

El siguiente dato que usted tiene que mirar es el número de prospectos, es decir, cuántos nuevos prospectos está generando a raíz de cada una de las campañas.

Acá hablamos de conversiones.

En este caso, una conversión es el número de prospectos que usted genera en comparación con el número de personas que visitan su página web.

Por ejemplo, si 100 personas visitaron su página de captura y se registraron 30 personas entonces significa que su tasa de conversión es de un 30%.

La cifra del 30% en conversión es bastante buena.

De hecho, hay casos excepcionales donde tratamos y logramos subir esas estadísticas. Nosotros estamos hablando de que las páginas pueden estar convirtiendo hasta un máximo del 70% en el mejor de los casos.

Eso depende de muchos factores, pero simplemente que usted sepa ese dato le permite a usted saber si lo que está haciendo es un buen trabajo o no. Si usted ve que su página de captura está convirtiendo menos de un 30% entonces usted dice: "Hay que hacer ajustes, ¿qué podemos hacer? Cambiemos el titular, cambiemos el tráfico que estamos atrayendo, cambiemos el anuncio que estamos patrocinado, cambiemos los bullet point, el llamado a la acción o la gráfica que está tratando de vender nuestro imán de prospecto"

NÚMERO DE NUEVOS CLIENTES-VENTAS

Uno de los números más importantes es el número de ventas. Usted conoce cuántas personas visitaron su página de captura, cuántas de ellas se convirtieron en su prospecto y finalmente le interesará medir cuántas de ellas se convirtieron en sus clientes y cuánto dinero le están generando.

Ejemplo: ingresaron 1000 personas en mi sistema. De esas 1000, 200 personas después de un periodo de tiempo se convirtieron en clientes.

Significa que estamos convirtiendo, en términos de ventas, a un 20%; estamos convirtiendo al 20% de los prospectos que ingresaron en nuestro sistema.

Ese número es supremamente interesante. Que usted tenga una conversión del 20% en términos de venta, es muy, muy interesante, muy bueno.

Una de las cosas de las que se va a dar cuenta es que ese factor, ese porcentaje, va a incrementarse en la medida que usted haga un sistema de seguimiento avanzado como el que nosotros hacemos.

Más adelante podemos decir: "Después de un mes, el 80% de las personas no han comprado"

¿Qué podemos hacer para convertir parte de 80% de personas que no han comprado?

Entonces es ahí cuando puede comenzar a implementar una de esas campañas que hemos venido hablando anteriormente.

Ahora imagine que a esos nuevos clientes usted les manda esa carta de bienvenida perfecta, haciéndoles una oferta adicional. Significa que cada cliente va a estar invirtiendo más dinero en su empresa, con lo cual usted va a aumentar el valor promedio de compra de su cliente.

Imagine que a los prospectos que no compraron su producto y que lo vieron, usted le haga una de estas campañas, "La maquina de generación de dinero de cuatro días", y les haga ese descuento especial, y le incluya esos bonos.

Usted puede decir: "Después de que una persona entra en mi sistema por un mes y no compre pero haya visto mis productos, entonces le voy a ejecutar esa campaña para que muchos de ellos se activen… todo en piloto automático" ☺

Si se da cuenta, cuando usted hace esa campaña, esas personas se van a activar y va a generar dinero que de otra forma no hubiera podido generar. Y así con todas las otras campañas y con todos los otros ejemplos que estuvimos viendo a lo largo de todo este libro.

EL DATO MÁS IMPORTANTE

La estadística más importante que usted necesita ver es cuánto dinero usted está generando por campaña: el ROI. Es decir, en relación con la inversión que usted hizo en la campaña, cuánto dinero está obteniendo de vuelta.

Si usted invirtió $1000 dólares a través de Internet y eso le generó $5.000, entonces estamos muy bien en términos de retorno sobre la inversión; estamos recuperando la inversión en un factor de cinco veces.

Si por el contrario, usted invierte 1000 y solo está generando 100, entonces hay algo que no está funcionando y hay algo que debemos arreglar en el sistema.

¿CUÁLES SON LAS HERRAMIENTAS QUE NOSOTROS UTILIZAMOS?

La primera herramienta es Google Analytics. Es la herramienta más avanzada de medición y analítica web. Es una herramienta gratuita que mide estadísticas a nivel de web, tanto de páginas de captura, páginas de venta, conversiones, etc.

Google Analytics le da exactamente datos como por ejemplo: cuántas visitas usted recibió a X página en específico, a todo su sitio en general, durante cuánto tiempo las personas se quedan en promedio en su sitio web, etc.

Por ejemplo, si quiero saber cuántas visitas recibí hoy, cuántas visitas recibí durante la última semana, y cuántas visitas recibí durante el último mes y durante el último año, Google Analytics me va a mostrar específicamente todos estos datos.

Eso le va a permitir a usted tomar decisiones a raíz de dichas estadísticas. Le va a permitir saber qué es lo que está funcionando y qué es lo que no está funcionando en su negocio. Por ejemplo, si usted se da cuenta de que una persona entra a su página de oferta y sólo permanece cinco segundos, entonces hay algo que está fallando.

Puede que la página en ese momento esté caída y no esté funcionando, o que no esté funcionando técnicamente bien, puede que la oferta no sea para la persona, o que esté teniendo alguna falla temporal.

También le va a permitir ver otros aspectos, como por ejemplo, de dónde está llegando ese tráfico, es decir, si usted hace campañas a través de Facebook, Twitter, Linkedin o a través de su lista de suscriptores de email, usted puede decir: el 35% de prospectos están llegando a través del email, y el 50% están llegando a través de Facebook.

Seguramente la campaña que más está funcionando es la que estamos haciendo en Facebook. Usted puede hacer esto para tener ese tipo de estadísticas de datos y de conclusiones.

Usted puede elegir decidir: "Quiero invertir más recursos en Facebook porque me esta atrayendo más tráfico". Entonces de pronto puede dejar de publicitar en Twitter porque no está funcionando tan bien como Facebook, y el dinero que estaba invirtiendo antes en Twitter lo puede trasladar a Facebook.

Mejor dicho, en Google Analytics usted va a tener muchísimas estadísticas que le van a ayudar enormemente a encontrar exactamente cuáles son los diferentes elementos importantes y cómo se están desempeñando dentro de su sistema automatizado de marketing digital.

Abrir una cuenta en Google Analytics es totalmente gratis, desde que usted obtiene una cuenta en Gmail. Y para instalarlo dentro de su sitio web, simplemente usted puede contratar a alguien para que le instale el código especial en su sitio web.

Las estadísticas que tienen que ver con email marketing las verá específicamente dentro de la plataforma que usted contrate, y las estadísticas de venta las tendrá dentro del servicio de merchant account que usted tenga. Estas estadísticas también son muy importantes.

Si usted tiene un sistema como por ejemplo Get Response, que es el que nosotros utilizamos, o Aweber, o MailChip o cualquier otro auto respondedor, ellos le darán estadísticas relevantes en torno al tema de email marketing.

Usted va a poder analizar la tasa de apertura, es decir; cuánto porcentaje de personas que están abriendo su email.

Recuerde que cuando una persona se registra dentro de su página de captura y entra en su sistema, inmediatamente usted le manda un email de agradecimiento donde le está enviando el imán de prospecto.

Ese email normalmente no lo abren todas las personas que se inscriben.

Se acerca a un número cercano al 100%, pero normalmente no son todas las personas.

Esta herramienta le va a usted decir específicamente qué porcentaje de personas están abriendo sus correos electrónicos. Con eso usted está conociendo si sus ofertas están siendo vistas y sabe exactamente cuántas personas están haciendo clic en cada uno de los correos que está enviando.

También puede hacer pruebas (Split Tests), por ejemplo enviar el mensaje a un segmento de la lista y el mensaje B al otro segmento de la lista de suscriptores, de esta forma usted ve cuál de los dos mensajes tiene mejores resultados.

Esas estadísticas le van a permitir saber específicamente cómo usted puede mejorar las diferentes campañas, los diferentes materiales de marketing que usted le está ofreciendo a sus prospectos, a sus clientes e incluso a las personas que en este momento simplemente están construyendo una relación de negocios con usted.

Ahora, para el tema de medir y hacer seguimiento a las ventas, si usted utiliza cualquier servicio como PayPal, PayU Latam, Clickbank etc., ellos le van a dar las estadísticas específicas de cuáles son sus ventas, ventas por vía, ganancias, % de conversión en ventas etc.

También le va a dar un dato que es muy importante: sus utilidades. Porque cuando usted utiliza unos de esos servicios naturalmente por cada venta que usted haga, le van a descontar un porcentaje. Le van a decir: "Éstas son las ventas totales, éstas son las comisiones que nos paga usted por utilizar nuestro servicio, y finalmente éstas son las utilidades que usted como empresario está teniendo a raíz de esto". Luego al restar el costo de producción, entrega, mantenimiento, etc., usted puede concocer su utilidad total.

LOS NÚMEROS QUE IMPORTAN

Primero necesitamos analizar los números que importan. El primero es el ROI, el (Retorno sobre la inversión). Que usted sepa exactamente de cada dólar que está invirtiendo en cada campaña, cuánto está generando esa campaña en retorno.

Si por lo menos es un dólar, estamos en punto de equilibrio y es genial porque significa que usted está adquiriendo prospectos y clientes a un costo cero. No le está costando nada adquirirlos, porque ellos mismo están pagando la adquisición.

Por ejemplo si usted invierte en publicidad por Facebook $1.000 dólares, y a raíz de esos $1.000, usted genera $2.000, $3.000 o $5.000, entonces estamos súper bien.

Pero si por el contrario, invierte 1000 y sólo genera 100, es que algo está pasando, y debemos investigar y ahondar específicamente en cuál es el elemento que dentro del sistema no está encajando. Debemos hacer los cambios respectivos para lograr que el ROI empiece a subir.

La siguiente estadística muy importante: es el Costo por Clic. Significa cuánto dinero está usted pagando por cada clic que está recibiendo a su oferta, página de captura, página de ventas, etc.

Supongamos que su página de captura con su imán de prospecto está convirtiendo en un 50%. Significa que cada de dos personas que hacen clic en su anuncio, una de ellas va a terminar siendo su prospecto.

Si cada clic le cuesta $1 dólar, entonces significa que usted está pagando $2 dólares para adquirir cada prospecto, porque esos $2 dólares tuvo que invertirlos para atraer dos personas y para que una de ellas se convirtiera en uno de sus prospectos.

En esa media, usted va a poder saber exactamente cuánto dinero debe invertir.

En Facebook este costo también se puede hacer a través de "conversiones".

Significa que usted no va a pagar por el número de clics que reciba su página web, sino por la cantidad de conversiones que está realizando. En otras palabras, usted solo pagará por los prospectos registrados en su sistema, o por sólo las personas que compren una oferta determinada… independientemente de cuántas personas hayan visto sus anuncios y hayan hecho clic.

Es como si un canal de televisión le permitiera poner un comercial en uno de sus programas y usted sólo pagara por el número de personas que vinieran a su tienda.

En muchos escenarios, momentos y ocasiones esta es una gran opción.

Usted puede decir: "Yo quiero pagar $2 dólares por cada conversión" y entonces Facebook lo que hace es optimizar su campaña para que con $2 dólares usted adquiera un nuevo prospecto que quede registrado en su base de datos.

Eso lo complementamos con la siguiente analítica, con el siguiente dato muy importante para su negocio: el costo de adquisición.

Es cuánto le cuesta a usted adquirir un nuevo cliente. ¿Y eso cómo lo calcula? Simplemente usted calcula el costo que invirtió en adquirir X prospectos, y el número de nuevos clientes que usted está teniendo.

Para mantenerlo simple, digamos que usted está adquiriendo 1000 prospectos, y que esos prospectos le costaron $1.000 dólares adquirirlos; en otras palabras, pago $1 dólar por cada prospecto.

Supongamos que de esos 1000 prospectos sólo 100 compraron su servicio o su producto; es decir, un 10% de esos prospectos que se inscribieron en su túnel de marketing están volviéndose sus clientes.

Ahora si dividimos la inversión que realizó de $1.000 dólares entre el número de clientes (100) significa que cada cliente le costó adquirirlo $10. Su costo de adquisición por cliente es de $10.

Estos $10 dólares se los debe sumar al costo de su producto, porque para adquirir un nuevo cliente significa que debe invertir $10 en el proceso de marketing, y si sumados todos los costos (incluyendo el costo de adquisición por cliente) da un valor menor que el precio de su producto/servicio, entonces estamos de maravilla.

El siguiente dato muy importante: El valor promedio del cliente.

Es cuánto dinero en promedio le genera un cliente. Lo puede medir en diferentes períodos de tiempo. Cuánto valor promedio le genera un nuevo cliente de inmediato, cuánto le genera al primer mes, en los primeros seis meses, el primer año, dependiendo de la estrategia de su negocio y qué tan a largo plazo piense.

El valor promedio de cliente de inmediato es la compra el mismo día que realiza la primera transacción. Si su producto vale $20 dólares y tiene un Upsell que lo sube a $24 y tiene una carta de agradecimiento que lo sube a $32, usted puede decir: "mi valor promedio por cliente son 32 dólares. Esto es en promedio lo que un cliente me está generando a mí en ingresos".

Siguiendo con el ejemplo anterior puedo decir: "Puedo pagar $10 dólares para adquirir un cliente que me va a dar $32".

Ahora si usted extiende ese valor promedio del cliente, significa que eso es mucho más alto, porque ese cliente es probable que ahora le compre algo y en el futuro si usted tiene estos sistemas que estamos compartiendo en este libro, le va a comprar más y más.

Lo único que usted tiene que hacer es simplemente pensar cómo puede elevar ese valor promedio del cliente, construir uno de esos sistemas; y usted puede decir por ejemplo: "Después del primer mes, normalmente nosotros le enviamos una campaña especial a esos clientes para que compren un producto adicional y complementario que tiene el mismo precio del producto inicial. Eso nos eleva nuestro valor promedio de cliente a $64 dólares"

Ya no estamos hablando de $32 dólares, sino que en dos meses aproximadamente ese valor va a ser de $64 dólares.

Usted lo extiende otros meses y si sigue haciendo campañas, sigue monetizando a ese cliente en el largo plazo. Usted sabe que el valor promedio del cliente durante un largo periodo de tiempo es muchísimo más alto.

Usted puede decir por ejemplo: "Al final de un año normalmente un cliente para mí vale $350 dólares, porque eso es lo que ha pagado en productos y servicios. Entonces un cliente me está costando adquirirlo $10 dólares, y en un año me está generando $350 dólares"

¿Buen negocio o mal negocio? Muy buen negocio.

Pero existe otro escenario, y es que me mi costo de adquisición sea de $100 dólares, por ejemplo, si la campaña no es tan buena.

Y todo depende de los números de su negocio, porque si un cliente le cuesta adquirirlo $100 dólares y le está dejando $5000 dólares, pues todos los días pago cien dólares por tantos clientes como me sea posible.

Pero por otro lado, si un cliente le representa, le cuesta a usted conseguirlo 100 dólares y sólo le está dejando en retribución 80 o 70 dólares, estamos perdiendo.

Sobre todo si en el valor promedio de su cliente son esos 80 dólares.

Estos datos son los que usted tiene que tener en cuenta a la hora de analizar las diferentes métricas, analíticas y diferentes estadísticas que usted tiene que tener en su negocio.

Recuerde, lo que no se mide, no se puede mejorar. Lo que usted tiene que hacer es conocer estos números y estarlos midiendo constantemente, pues serán los datos que le permitirán saber si va por buen camino y si no, hacer los cambios respectivos para ajustar el rumbo y lograr los resultados deseados.

Esto se diferencia de los medios tradicionales, donde usted no sabe exactamente cuánta gente le vio, cuánta gente se volvió su prospecto a raíz de cada comercial, cuánta gente le compró. Con Internet usted sí lo puede saber absolutamente todo.

En Internet tiene todos los canales segmentados y todo está registrado. Usted sabe si la persona entró a la página A o a la página B. Si compró el producto A de la página A o desde la página B, si lo compro al día 1, o al día 2. Si lo compró con tarjeta de crédito o con otro medio de pago. Si vino de la campaña A de Facebook o de B, o si vino de Twitter u otro medio de adquisición.

Esto le da una gran ventaja en términos de estadísticas. Usted conoce datos reales, tiene datos acertados respecto a cómo usted puede hacer para mejorar esas campañas, ese sistema, para que finalmente pueda tener ventas constantes, ventas frecuentes, nuevos clientes viniendo a su negocio de forma predecible, una mejor situación económica para su negocio, su vida personal y tener más tiempo libre para compartir con su familia.

SOBRE EL AUTOR

Julián Castañeda es conocido por muchos como el "Genio del marketing" por las grandes transformaciones de marketing y ventas que ha traído a los negocios de sus clientes.

Su gran pasión es el marketing digital, las ventas, la psicología y la productividad, pasiones que combina para crear las más avanzadas y efectivas campañas de marketing digital del mercado.

Es director y cofundador de la Organización Mundial de Éxito, una compañía especializada en ayudar a empresarios hispanos a construir sistemas automatizados de marketing digital para aumentar las ventas, los clientes y mejorar el estilo de vida del "capitán del barco", el dueño del negocio.

También es consultor, autor Best-Seller y conferencista, y ha ayudado a miles de personas y empresarios a pesar de su corta edad.

CONTRATAR A JULIÁN

Julián y su equipo de expertos ayudan a empresarios a diseñar e implementar sistemas automatizados digitales que permiten la automatización del marketing y las ventas de las empresas.

La ventaja del trabajo que hace Julián y su equipo es que no sólo hacen "consultoría" diciéndole a las empresas qué hacer, sino que hace el trabajo por ellos, desde la parte de la estrategia, pasando por el marketing y terminando en la implementación técnica y tecnológica.

Para poder contratar directamente a Julián y que construya su sistema automatizado de marketing y ventas deberá seguir el siguiente proceso:

(Nota: en varios momentos del año la agenda de Julián está más que llena con clientes, proyectos e iniciativas de toda índole, por esta razón en esos momentos usted deberá registrarte en una lista de espera y se le notificará cuando hayan cupos disponibles)

1.   Ingresar   en:
http://organizacionmundialdelexito.com/contratar-a-julian
Allí usted responderá unas preguntas sobre su empresa y su situación actual.
2.   Luego de haber completado el formulario será redirigido al calendario virtual en donde podrá seleccionar una fecha y hora para hablar con uno de los consultores de la O.M.E.
3.   En la fecha que usted seleccionó se comunicará a través de Skype con uno de los consultores de la O.M.E. Esta persona será la encargada de mirar con detenimiento su situación y lo que quiere lograr. Si es un candidato que cumple los requisitos para poder trabajar con Julián se le harán conocer los pasos a seguir.

Si usted está interesado en contactar a Julián para entrevistas, conferencias, talleres o entrenamiento para grupos por favor enviar su solicitud a: contratar@organizacionmundialdelexito.com

www.ingramcontent.com/pod-product-compliance
Lightning Source LLC
Chambersburg PA
CBHW051907170526
45168CB00001B/282